資源争奪戦時代

なぜ今オーストラリアか？

田中豊裕

大学教育出版

まえがき

資源とは、国語辞書で調べてみると「人間の生活や産業などの諸活動において利用可能なもののこと。狭義には自然から得ることができる原材料のことを指す」とある。

オーストラリアの鉱物、エネルギー資源がなかったら、今日の日本は存在しなかった。太平洋戦争の敗戦で荒廃した日本は、奇跡的に復興し高度成長を達成して、世界第2の経済大国になった。このことはオーストラリアなしでは語れない。そして今日、中国、韓国、インドをはじめアジア諸国の経済発展は目を見張る勢いである。これらの国々による資源需要が急激に拡大し、資源大国オーストラリアに対して強力なアプローチをかけている。このような現況下、日本の資源確保がますます厳しくなる。これからの資源争奪戦をいかに戦い抜いていくか、国運の将来に大きな影響を及ぼす。これからも日本が生き残り、発展するためにはこのオーストラリアの資源に依存しなくてはならない。

国民生活、産業活動の基礎になるエネルギーは電力である。電気がなければ現代人は、生きていけない。東日本大震災の影響で、東京電力の福島原発の大事故が発生した。その結果、電力供給不足が露呈、関東圏には計画停電が実施され、産業や住民の日常生活に多大な影響を及ぼした。このように国の産業、国民生活のエネルギー源である電力供給に問題が生じると、ネガティブな国家的影響が避けられなくなる。国にとって電力がいかに重要で、大きな役割を担っていることかあらためて認識を深めた。この電気を起こすためには、エネルギー源が必要である。これからの太陽光、風力、バイオマスなどの代替エネルギーは別として、現在の主流は石炭、天然ガス、ウランである。これらを燃やすことによりエネルギーを得て、タービンを動かし電力を作り出している。日本はこれらのエネルギー資源の多くをオーストラリアに依存している。

日本は国際的に競争できる資源がないので資源を輸入し、それを加工して、その製品を輸出し発展してきた。原料は製品を作る上で不可欠である。原料は形を変えて、経済活動、社会生活に役立っている。豪州からは原料の輸入が主で、一般の人びとはその重要性に気が付かない。食品分野では原料、原産地の表示があるが、他の分野では表示されないので、日本で作られている工業製品の原料は何で、その出所がどこかわからない。

たとえば、道路、橋梁、船舶、鉄道、建物、自動車、機械、家電製品などに広く使われている鉄鋼や非鉄金属について、その原料は、鉄鉱石であり、石炭であり、金、銀、銅、亜鉛、アルミなどである。また、140兆円の日本のハイテク産業を支えているレアメタル（希少金属）の主なものは、チタン、リチウム、ニッケル、コバルト、マンガン、モリブデン、インジウム、タンタル、ジルコンなどである。これらの原料の主たる供給国は、オーストラリアである。これらの資源が製造工程で処理され、形を変えて、製品になる。だからその製品の原料が何で、どこから来ているのか関係者以外にはあまり知られていない。

またオーストラリアは、自給率40％の日本にとって絶対不可欠な食料供給国である。安全、安心の食料は、国民の健康に直結している。ほとんどの食品の原料が、オーストラリアから来ている。粉の原料は、小麦が主である。各種プロセス・チーズの原料は、ナチュラル・チーズで、乳酸飲料・アイスクリームなどの原料は、粉乳などである。ビールやウイスキーなどの原料は、大麦である。これらの原料は、オーストラリア産である。砂糖や塩は、日常の食生活に必要不可欠である。日本はほとんど輸入に頼っている。その多くをオーストラリアから輸入している。オーストラリアは、砂糖の原料である粗糖を60年の長きにわたり日本に安定的に供給している。

背広、コート、服装の原料は繊維である。その重要な部分を羊毛が果たしている。オーストラリアは、羊の背中に乗って発展した羊毛大国といわれた。世界の大半の羊毛、特に繊維の細い高級羊毛は、オーストラリア産で、世界最大の供給国である。また、もうひとつの天然繊維である綿も日本は全量輸入している。ここにもオーストラリアが関係している。毎日なんとなく使っている紙、ティッシュの原料は木材で、それがチップにされ、煮沸され、幾多の過程を経て製品になる。チップは、オーストラリアから大量に輸入されている。住宅、建物、乗りもの、ビン、グラスなどに多用されているガラスの原料は、珪砂（シリカサンド）で、オーストラリアが過去50年にわたって大量に供給している。このようにオーストラリアは、日本のエネルギー、重要な産業、身近な社会生活を支えているのである。オーストラリアが日本の国民生活、産業の生命線で、今までもこれからもその重要性は、さらに増すことはあっても軽減することはない。

国力の維持発展のためには、食料、鉱物資源、エネルギー資源の確保が至上政策である日本にとって、オーストラリアはこの地球上における最も重要なパートナーであるのみならず、産業と国民生活の防衛隊なのである。だから、これからも日本が存在し、繁栄していくためには、オーストラリアは欠くことのできない国である。アジア諸国の経済発展を踏まえ、今後の資源確保がますます重要かつ厳しさを増している今日、今一度オーストラリアとの関係を詳しく検証し、真摯に再構築する時期に来ている。日本の未来は、オーストラリア抜きでは語れない。

　オーストラリアに関しての知名度は、近年向上した。年間約40万人の日本人がビジネス、留学、交流、観光目的などでオーストラリアを訪問している。しかし、オーストラリアの社会、その仕組みなど細部、深部についてはいまだによく知られていない。重要度を増す日豪関係をさらに発展させ、構築するためにはオーストラリアという国をもっと知らねばならない。全体的な把握、理解のためには拙著『豪州読本』（大学教育出版　２０１１年）を一読されれば、豪州の事情が大変よくわかる。歴史、国民性、社会通念、気候風土、政治、法律、経済、産業、社会保障、医療、教育、言葉、ライフスタイル、社会生活全般、多民族多文化主義、先住民、日豪関係などが詳しく紹介してある。

　今回の第二作目は、それから一歩進めて、世界特にアジア地域において現在急速に進行している変化に鑑みて、オーストラリアが日本にとって今なぜそんなに重要であるのか、その背景と現実について解説し、日本が将来生き延びていくための戦略的互恵関係を再構築する必要性と、その緊急性を中心に展開する。最後に日豪関係についての考察と警鐘を発信してこの書籍を閉じる。なお、付記としてオーストラリアでのビジネスチャンスの具体例を紹介する。

田中豊裕

２０１２年７月

資源争奪戦時代

―なぜ今オーストラリアか？―

目次

プロローグ

オーストラリアの両親を偲んで

わが青春の重要な時期に、その頃まだ一般的でなかった留学、しかもほとんどの人が行かなかったオーストラリアに単身私費留学をした。しかも、当時知名度の低いオーストラリアの中でも日本ではまったく知られていなかったアデレードという都市に留学した。それは客観的に判断すると無謀に近かったのであろう。出発前の壮行会では家族、友人、知人から大きな日本国旗に寄せ書きをいただいた。何か戦時中の出征に似た状況であったのであろう。当時、オーストラリアは物理的、心理的に遠い国であった。日本の海外渡航が解禁になってまだ数年後であり、外貨持ち出しに関しても厳しい制限があった。円もまだ国際通貨として流通しておらず、ドル・円のパリティー（固定レート）が1USドル360円の時代であった。豪州ドルは最近1ドル、80円前後で推移しているが、その当時は400円以上もの価値があった。日本人にとって海外に行くことは財政的に相当な負担であり、一般の家庭にとっては実現できないことであった。筆者の父親は公務員で、普通なら長男が海外に留学するためには、奨学金をもらわなければ到底実現できなかったであろう。そんな厳しい状況の中、なぜオーストラリアを選んだのかという質問に対して、筆者は次のように答えた。

当時、ウールバイヤー、羊毛産業に関係していた人以外、オーストラリアとはほとんど無関係であった。

しかし、1955年頃から始まった日本の高度成長にオーストラリアが、原料供給国として重要な地位を占め始めていた。この結果、日豪の関係は、経済的に緊密化しようとしていた。にもかかわらず、先に述べたようにオーストラリアは、日本ではほとんど知られていない国であった。そんな状況下、筆者はこのオーストラリアを徹底的に知ってやろうと思った。それをすることによって将来の日豪関係に何らかの寄与ができるのではないかとの一念であった。

生まれ、育ちは京都である。英語には興味があり、自分の英語力を向上させるためいろんな努力をした。幸い京都は国際的な観光都市で、海外からも多くの観光客が訪れていた。オーストラリアドルが400円以上する時代であったので、オーストラリアからの観光客も結構たくさん来京していた。

通っていた大阪外大は、大阪難波に近い上本町八丁目にあった。大学が終われば、まだ町の縦横を走っていた市電に乗り、天満橋駅まで行き、そこで京阪電車に乗り継ぎ、京都側終点、京阪三条まで毎日通学していた。そのまま家には帰らず、河原町三条から四条までの繁華街を逍遥する毎日であった。それは、観光で来ていた外国人にじかに接し、英語の上達を図るためであった。生きた生の英語に接することが、英語の上達には大切である。西洋人を見つけてはつたない英語でアタック。持ち前の度胸と、もてる英語力を発揮して多くの人と会話をし、友達を作った。その中で、オーストラリア人が一番フレンドリーで、親切で、楽しい人たちであった。このような人たちが住むオーストラリアに行って、この国を知ろうと思ったのもオーストラリアを選んだ大きな理由であった。

今の英語検定試験「英検」が、東京オリンピックの時にスタートした。筆者はその第一回試験を受けるため、わざわざ東京の明治学院大学まで出向いた。そこが試験場であった。幸い試験に合格した。丁度その頃、京都市が海外からの旅行者を温かく迎えるための善意通訳の制度を始めた。私は早速、善意通訳として市に登録をした。善意通訳者の間で、ステップ会という民間の組織ができた。今で言うNPOである。この会を通じてもいろいろな外国人の通訳を行った。こうして私の英語は向上していった。また、最寄りのカトリック教会にも出入りし、そこで西洋文化や英会話、英文タイプなどを学び、英語に対して自信が付いてきた。これも海外留学のための準備であった。

すでに述べた財政的な困難を打破するために、日夜いろんな仕事、アルバイトをした。家庭教師、工場での夜勤、キャバレーでのボーイ、国鉄での信号区詰め所の事務、商社での事務、運送屋のトラック運転手助手などなど。やっと貯金がだいぶ貯まった。当時のお金で約100万円。しかしこの金額は、オーストラリアドルに直すと2000ドルあまりで、これではオーストラリアにおいて、最大でも数カ月しか生活できないことはわかっていた。時間との競争もあったので、見切り発車のような形で出発することになる。

出発に際しては両親、きょうだい、親戚、知人、学校の同級生などが京都駅で見送りしてくれた。餞別もたくさんいただいた。開業後まもない新幹線に初めて乗って東京まで。浜松町からモノレールに乗り羽田空港まで行った。当時、国際空港というのは数が限られていて、もちろん成田空港などは存在しなかったので、羽田が最善の選択肢であった。羽田までは両親が見送りにきてくれ、後ろ髪を引かれる思いで機上の人となった。飛行機の旅は初めて、海外に行くということはもちろん生まれて初めての経験であった。週に数便、アジアの国を介して日本に乗り入れていたカンタス航空のボーイング707型ジェット機（約125人乗り）に乗り込み羽田を後にした。離陸後空からの東京湾のながめは美しいという感覚ではなく、至る所で煙突から黙々と煙が昇っており、日本経済の高度成長期の証を見た。そして、最初の寄港地香港

写真　アデレードの中心街を空から

に向け、飛行機は高度をあげ南下して行ったのである。そしてマニラ、ジャカルタ、ダーウィン、シドニーを経由し、約16時間の飛行機での長旅の後、目的地のアデレード空港に降り立った。オーストラリアでの生活の第一歩が始まることになった。

最初はアデレード大学の寮、聖マークスカレッジでの生活。イギリス国教会が運営する寮で格式が高く、しきたりが厳しく、イギリスの伝統が染み付いている大学付属カレッジであった。アデレード大学に通う地方、他の都市、海外からの生徒約１５０名と寝食をともにした。狩猟民族の体臭がむんむんするような雰囲気であった。最初はまったく要領も得ず、いろんな人の指導と協力で、何とかそこの生活に溶け込めるようになった。しかし、寮費が大変高く、ここでの生活は3カ月も持たなかった。そこで寮で知り合った、イギリス人、ドイツ人、中国人と筆者の４人で町の中心地から近い郊外の一軒家を共同で借りることにした。1週間の家賃、共益費、食事代は7ドル（当時は約３０００円）くらいで大変安く生活ができるようになった。ただ手持ちのお金は底を突き、何かアルバイトでもして収入を得ないとどうしようもない状況に直面していた。

そこで、夜は工場で肉体労働、週末は日本語を教えた。また借りた家には広大な庭があり、大きな催事会場のすぐ近くだったので、催事があるときに庭を開放し駐車場として提供した。1台当たり、当時のお金で50セント（約２００円）が臨時収入となった。多いときには1日50~１００台の利用があったので手ごろな収入が得られ、生活費は何とか稼げた。後は他のアルバイトで授業料を稼ぎ、餓死せずに生活を続

ける ことができた。4人の共同生活ではそれぞれ仕事の分担をし、イギリス人が洗濯、ドイツ人が掃除、中国人と筆者が料理を担当した。会計はドイツ人がやり、大学との折衝はイギリス人がやってくれた。

大学ではオーストラリア学に興味があったので、オーストラリアの政治、経済、法律などを中心に勉強した。書籍代や雑費なども馬鹿にならず、夜のアルバイトだけではなかなかやっていけないことが判明した。それで、学校の勉強を夜に変更し、昼間は現地の貿易会社で働いた。この会社の社長は、松下電器産業（現在のパナソニック）の現地での販売代理店をしていて、日本人の筆者に同情し、親切にしてくれた。これで生活設計もできるようになった。会社には弁当を作り持ち込み、会社の社員の興味を引いた。アルミ製のボックス弁当箱で箸を収納するところが付いているものである。また社長と相談して、朝礼と午後のラジオ体操を新たに導入した。ラジオ体操のようなものは現地にはなく、皆興味津々で筆者の指導で文句も言わずやってくれた。特に女性社員には人気があった。なぜなら、肥満タイプの女性が多かったので、ラジオ体操が肥満対策になるという筆者の言葉を信用し、楽しみながら体操に熱中してくれた。

オーストラリアでの生活に慣れた頃、筆者の目的のひとつであった日豪親善と友好の発展に寄与するため、学生仲間、知人などの協力を得て、現地で初めての日豪協会を設立する準備をすすめた。協会規約の草案作り、協会のロゴマーク作り、創立総会の案内書作成など短期間に用意し、1967年8月15日に市内の会場で創立総会を開催した。なぜ8月15日かというと、くしくも先の太平洋戦争で日本が敗戦し、戦争が終結し、世界に向かって平和を宣言した終戦記念日であるから、日豪協会を作り、大戦で熾烈な戦いを交えた日豪の親善と友好の発展に尽くすための船出に、最良の日であると考えたからである。200名近くの参加者があり、その場で南オーストラリア豪日協会の創立を達成した。そして、若輩の筆者が初代会長に選ばれた。会員にはそうそうたる地元の名士が参加してくれ、政治家、裁判官、大学教授、会社の役員、弁護士、公認会計士などをはじめ、主婦、学生など総会に参加したほとんどの人びとが会員になってくれた。大成功であった。その場で役員を選出し、役員会を結成、協会規則も一部修正で承認され、小船が大海原に船出をした。それからは月例集会、月刊紙の発刊、特別行事の設定など多忙な日々を過ごした。もちろんさまざまな不安やわからないこともあったが、そこは若気の至りでとにかく前進あるのみという覚悟で突き進んで行った。

地元京都では京都新聞が『日本人初めての留学生が現地で日豪協会を創立、初代会長に選出される』と大きく記事として掲載してくれた。この影響で京都からの問い合わせ、激励などが多く京都の父の元に寄せられた。日豪協会のネクタイを作りたいとか、空手指導員の派遣をしたいとか、アデレードにぜひ行きたいとか、何かお手伝いをさせてほしいとか、いろいろなアプローチがあった。実際、京都にある空手の剛柔流道場から指導員を招聘し、アデレード市街の一角で道場を開校する手配をした。後日、この指導員は大学、警察などでも指導することになる。西陣の織物工場では協会のネクタイを制作していただき会員に頒布した。新聞を見たといってアデレードに来た女性もいた。彼女はアデレード滞在中にドイツ人と結婚し、後に協会の役員をすることになる。

筆者は無我夢中、有頂天になりその後3年以上会長として、日豪の親善と友好の発展のため日夜努力を重ねた。地元での新聞、雑誌の取材、テレビ、ラジオへの出演など、とにかく寝食を忘れがんばったものである。生まれて初めて新聞、雑誌に記事が載り、テレビ、ラジオに出演し、各地のライオンズクラブ、ロータリークラブ、学校、団体などでの講演に息つく暇もない状態が続いた。週末はほとんど講演のため地方周りをした。幹事の人が土曜日になると、何百キロも離れた地方から車で筆者を迎えに来て、土曜日の夜講演を終えた後そこに泊まり、翌日またアデレードまで送り届けてくれた。週末はこの繰り返しであった。おかげで南オーストラリアの地方はほとんどくまなく訪問する機会を得た。

そんな時筆者にとって運命の出会いが待っていた。豪日協会の会員の1人が、下宿しないかと誘ってくれた。下宿代はいらない、食事も無料で提供する。そのかわり、日本語を教え、車を洗ったり、庭の掃除を手伝ったりしてくれるだけでいいという願ってもない話であった。筆者は、実際生活に苦労していたのでその申し出を受けることにした。この会員の夫婦が、その後筆者のオーストラリアでの両親になるフリーダとフランクである。フランクは州の電力公社の重役で、50代のいかにも温和で優しいオーストラリア人であった。この夫婦には子供がいなかったので、筆者を息子のようにかわいがってくれた。ともに笑い、ともに泣き、ともに人生を語り、ともにライフスタイルを共有したかけがいのない夫婦であった。その親切、思いやり、豊かさ、そして助力、指導に感謝の念で筆者の心はいっぱいである。この夫婦に約3年間お世話になり、1970年末に筆者は日本に帰国した。それからオーストラリアと日本の間を100回以上往復する度に、彼らの家を訪れ親交を重ねたのである。

そして、時はずっと流れ、筆者の娘2人もアデレードに留学し、この家に時を異なって下宿をして、お世話になったのである。しかし、そんな大切なフランクとフリーダが、相次いでこの世を去った。それなのに日本にいた筆者は、彼らの死に際に立ち会うことも葬儀にも参列できなかった。その申し訳なさと彼らに対する感謝の気持ちが本書を書き、彼らに捧げようと決心させたのである。せめてもの罪滅ぼしとして。20代の青春時代から古希近くになる今日まで、オーストラリアこそがかけがえのない第二のふるさとなのである。今後も命ある限り、日豪の親善と友好のため尽力したい。それが天から授かったわが人生の責務だと考えている。

第一章　今日の日本があるのは

一、日豪初めての邂逅から

歴史上、日本とオーストラリアが初めて接触したのは、今から約180年前にさかのぼる。日本は江戸時代の末期、オーストラリアは、大英帝国の植民地時代初期（1830年代）であった。今日では日本の調査捕鯨に強く反対しているが、歴史的にオーストラリアでも捕鯨が大変盛んで、初期オーストラリア経済の発展に大きく寄与していた。当時、南半球で最大のクジラ市場がシドニーにあり、活況を呈していた。オーストラリア各地にクジラの取扱いセンターが次々に開設され、タスマニア島では何百隻の大小さまざまな捕鯨船が建造され、捕鯨とその商いは植民地の主流産業として栄えた。また、世界の捕鯨船団が、水、食料、漁具、物資の調達や船の整備、修理、そして乗組員の休養などでシドニーやタスマニアの港に寄航し、財布の紐を大きく解いたので、それらの港や地元経済を繁栄させた。羊毛がオーストラリア輸出の稼ぎ頭になるまでの間、羊ではなくクジラがその主役であった。日豪の初めての出会いは、そのオーストラリアの捕鯨船団がクジラを求めて、はるか遠い北半球の北海道付近に到来した時のことであるといわれている。

その後、1850年の中頃冒険心旺盛な日本の青年が、地球の果てと思われていたオーストラリアにやってきて、大陸北部の海域で天然真珠の採取に従事したのが、そもそも両国の交流の始まりである。1854年の日英和親条約締結で、日本が鎖国を廃止し開国した頃から、日豪の接触が本格化した。日本の明治維新の年（1868年）には日本の曲芸団が、シドニーを訪問した。また、オーストラリアを訪れ各地の状況を日本に逐次伝えた1人の日本人実業家がいた。この日本人は、日本とオーストラリアの本格的な羊毛貿易を始めた、後の兼松株式会社の創始者、兼松房次郎であった。

オーストラリアからも時を同じくして、J・R・ブラックというジャーナリストが来日、横浜で英字新聞「ジャパン・ヘラルド」の編集などをして、日本のジャーナリズムの発展に寄与した。また、ウィルトン・ハックというオーストラリア人の宣教師が来日し、布教活動をして長崎に教会を作った。その後J・R・ブラックは、息子でヘンリー・ブラックというアデレード出身の青年を横浜に呼び寄せた。彼は後に快楽亭ブラックという名前で落語家として活躍した。また、ジェームス・マードックというオーストラリア人ジャーナリストが来日し、日本の高等学校でヨーロッパ歴史の教師として教鞭をとった。夏目漱石が、彼から英語や歴史を学んだことで有名である。19世紀の終わりには、多くの日本人が南太平洋諸国の人たちと一緒に、クイーンズランドに入植している。そこでのサトウキビ農業に従事するためであった。

1897年、日本の明治政府がシドニーに初めて領事館を設立し、両国の関係が発展していくのである。その後、20世紀になって関係が進化し、第一次世界大戦が始まる頃には、当時の日英同盟に裏打ちされた形で、両国関係は強化された。第一次世界大戦で、オーストラリアは、イギリス軍の一部としてヨーロッパ戦線に軍隊を派遣し、参戦した。このとき連合軍は、インド洋で味方の船舶を攻撃している敵国ドイツの巡洋艦の追跡に参加するよう、同盟国の日本に要請した。これに応えて、日本は巡洋艦「伊吹」をこの捜索活動に参加させた。その後、「伊吹」はインド洋から西に向かうオーストラリア海軍の戦艦を護衛して、紅海のアデンまで足を伸ばしている。

不幸にして第二次世界大戦では敵味方として、日本とオーストラリアは、東南アジア・南太平洋で熾烈な戦いを展開した。両軍で多数の死傷者がでた。１９４２（昭和17）年2月19日、日本軍は初めて、オーストラリアの北部重要戦略地点であるダーウィンを約２００機の爆撃機で空爆した。この空爆は、前年１９４１年12月8日、真珠湾攻撃における空襲部隊の総指揮官で、第一次攻撃隊を指揮し「トラ、トラ、トラ」（奇襲ニ成功セリ）を打電したことで知られる淵田海軍中佐により指揮され、ハワイ真珠湾攻撃と同じく電撃的なものであった。ダーウィンに停泊中の米、豪船舶や航空機多数を破壊した。その日、第二波の空爆でも港湾施設、船舶、航空機を破壊、多数の死傷者を出した。2回の空爆で少なくとも２００人以上が死に、４００人以上が負傷したといわれている。そして飛行機約20機が破壊され、船8隻が撃沈された。その他、ほとんどの軍事施設、民間施設が破壊された。その後１９４３年11月までに60数回、日本軍はダーウィンの空爆を繰り返した。その結果、約１０００名のオーストラリア人が死亡し、飛行機77機、多くの船舶が破壊されたと記録に残っている。また日本軍は、オーストラリア北部の他都市も30数回空爆した。オーストラリアにとって入植以降初めて、外国の敵に本土を攻撃された歴史的な出来事であった。この戦争による、日本に対する恨み、憎しみは相当のものであったと推し測れる。終戦で帰国した兵士、その家族、知人の対日感情は大変悪いものであった。その尖峰がＲＳＬ（退役軍人連盟）で、何かにつけ日本を批判、攻撃した。筆者が初めてオーストラリアに行き生活をし始めた頃、まだ対日感情の悪さが顕在していることを体験した。

しかし、1951年のサンフランシスコ条約により、日本は国際舞台に復帰し、オーストラリアといち早く国交を正常化させた。オーストラリア大使館が、1952年東京に、1953年には日本大使館が、キャンベラに開設された。そして1957年に締結した日豪通商条約を契機に、両国は通商関係を主体に、急速に緊密になっていくのである。悪化した対日感情についても、日本がオーストラリアから原料を輸入し、良い製品をオーストラリアに輸出し始めてから次第に薄れて行った。さらには第二次世界大戦の退役軍人の生存者数も年々減少する中、社会全般の対日感情に改善が見られた。1970年以降は逆に、戦後の荒廃からの奇跡的な復興、高度成長を遂げ世界経済大国になったことに対する畏敬の念が醸成され、日本に対する感情も良好的なものに変わっていった。今日では、オーストラリアは、対日感情の大変良い国である。ごく最近の世論調査によっても、熾烈な戦いを交えた太平洋戦争ついての印象で70％以上の人が気にしていない、まったく問題ないという回答をしている。

二、戦後日本経済の発展は、オーストラリアなくしては語れない

日本経済は、先の太平洋戦争での敗戦から10年経った1955年頃に、その直前の1950（昭和25）～1953（昭和28）年における朝鮮戦争中、朝鮮半島に出兵したアメリカ軍への補給物資の支援、破損した戦車や戦闘機の修理などを日本が大々的に請け負ったこと（いわゆる朝鮮特需）によって、大幅に拡大され、主要な経済指標において戦前の水準を回復した。この頃を境に戦後復興の過程を終えて、近代化

が進む中で活発な輸出、技術革新に加え、民間設備投資が積極的に進められた。これが神武景気《じんむけいき》で、１９５５（昭和30）～１９５７（昭和32）年に発生した、日本の高度経済成長の始まりを象徴する爆発的な好景気であった。日本初代の天皇とされる神武天皇が即位した年（紀元前６６０年）以来、例を見ない好景気という意味で神武景気と名づけられた。

この好景気によって日本経済は、戦前の最高水準を上回るまでに回復し、１９５６（昭和31）年の経済白書には「もはや戦後ではない」とまで記され、戦後復興の完了が宣言された。また、好景気の影響により、耐久消費財ブームが発生、三種の神器（冷蔵庫・洗濯機・白黒テレビ）が出現した。ここに日本経済は、高度成長時代に突入していくのである。

この１９５５年にはジュネーブ頂上会談の結果、世界は東西冷戦から緊張緩和の時代に移行した。翌１９５６年に日本は国連加盟を果たし、国際社会に復帰した。国内政治では保守合同、社会党の左右統一で55年体制が始まり、労使交渉において春闘が始まった。造船、鉄鋼、電気機械、石油化学などの重工業を中心に、急激かつ急速に設備投資が開始された。

写真 1-1　高度成長期の臨海工業地帯

それ以来１９７３年に発生した第一次石油ショックに至るまで、途中何度か景気の後退を経験したが、押し並べて20年近くも高度成長が進展した。この期間、西洋先進国の名目成長率は、６～９％であったが、日本のそれは15％で、実質10％を維持し続けた。この結果、日本の経済規模は、６倍近くに拡大し、１９６７（昭和42）年にはＧＮＰでイギリス、フランスを抜き、翌1968（昭和43）年には西洋の奇跡とも言われた西ドイツを追い抜いて、アメリカに次ぐ資本主義世界第2位の経済大国に成長した。戦後の荒廃から立ち直り、高度成長を遂げ、世界の経済大国になったことを奇跡の復興として、世界中から注目を浴び、賞賛された。また近隣アジア諸国に大きな刺激と可能性を提供した。そのことが今日、韓国、台湾、中国などが世界経済における確固とした地位を確立するに至ったといっても過言でない。

しかし忘れてはならない事実がある。それは、この高度経済発展の土台を支えたのがオーストラリアの資源であったということである。日本の高度成長と呼応して、オーストラリアでは、日本の経済成長に必要なエネルギー資源、工業原料の鉱山資源開発が急速に進み、その豊富な資源を日本に長期に安定的に供給したのである。これがなければ日本の高度成長も、今日の経済大国もなかったであろう。

日本の高度成長の過程で、インフラの修復、整備に必要な鉄鋼、その原料となる鉄鉱石、原料炭、発電に必要なエネルギーである一般炭、さらには造船、自動車、重化学工業、電気機械、家電製品などの製造に不可欠な非鉄金属の原料の多くをオーストラリアから調達したのである。さらに戦後の食糧難、食生活の改善のために食料を優先的に供給してきたのがアメリカでありオーストラリアであった。そしてそれから60年、日本経済の浮き沈みを共有してきたオーストラリア。戦後日本が奇跡的な経済発展を遂げ、経済大国になった今日があることに関してオーストラリアなしでは語れない。オーストラリアが果たした役割、その絶大な貢献を真摯に評価し、感謝せねばならない。本書はこの重要な事実から始まっている。

三、高度成長と国民生活を支えた資源

それでは、どのような資源、原材料が日本の産業の発展や社会生活に決定的に寄与したのか、もう少し具体的に記してみる。

戦後の荒廃から復興するためには、まずインフラの修復、整備が欠かせない。同時に基幹産業、たとえば鉄鋼、造船、重化学、電気機械などの産業を復活させ、成長させることが国の発展に不可欠であった。インフラ整備は道路網、トンネル、ダム、発電所、通信網、高速交通システム、港湾の整備、後に新幹線、そして初めての東京オリンピック開催まで及んだ。このためには膨大な量の鉄が必要であった。鉄鋼生産に必要な原料である鉄鉱石は、国内ではほとんど供給できず輸入に依存した。この原料をオーストラリアが中心となり供給し、日本の成長をバックアップした。

エネルギー源も、初めは水力発電が主流であったが、急激な電力需要増大に追いつけず、火力発電が主流になる。このための燃料として国内の広い地域に豊富に埋蔵する石炭を掘り起こし利用していたが、地中深く掘削して入手する必要があった。痛ましい炭鉱事故も多発した。これらのことにより国内で調達された石炭は、コスト的に相当高いものになった。１９６５年当初、国内産が７割を占めていたが、１９７０年には輸入が半数を上回り、１９８０年代にはほとんど輸入に依存することになった。海外の露天掘りで調達される石炭は低廉で、日本の石炭は国際競争に太刀打ちできずに、鉱山は閉鎖に追い込まれた。そのかわりに、海外からの石炭が急増することになる。ここでもオーストラリアが主導的な役割を果たした。

オーストラリアは世界で最も石炭の埋蔵量が多く、最大の石炭輸出国である。

また、重化学、造船、自動車、電気機械、家電などには多種の非鉄金属が使われている。たとえば、発電された電力を工場や家庭に送るためには膨大な量の電線が必要である。その主な原料が銅である。銅は昔から日本でも開発が進み、初期の経済発展段階での需要は、国内の銅山で満たすことができた。しかし、やはり国内生産のコスト高のため輸入が急増していく。金や銀についても同じことがいえる。日本には有数の銀山や金山が存在した。しかし、国際競争力が極端に落ち、時代が進むにつれ国内生産が急減、やがて閉山に追い込まれる運命になった。

これら国内産のコストアップは為替の固定制、つまり戦後長期間1ドル360円であったものが、1971年末のスミソニアン合意により308円に設定され、1973年以降世界の為替は変動相場制に移行し、円は上昇し続けた。このことも海外との比較において国内コストが割高に移行し、海外の資源に依存するパターンを促進させたのである。ここでもオーストラリアの存在感は大きかった。

われわれが日常常に利用したり、目にしたりしているものを分析してみるとそこには常にオーストラリアが顔をのぞかす。たとえば、川にかかっている現代のつり橋は、鉄でできている。すでに述べたように鉄を作るためには鉄鉱石、原料炭がいる。また、橋を支えているワイヤは、鉄線や特殊鋼線である。これらの製品にはニッケル、クロム、マンガンなどが使われている。橋げたの防錆には大量のペイントが必要である。ペイントの原料にチタンや亜鉛などが使われている。

世界遺産にも登録されているシドニー湾に架かる、ハーバー・ブリッジ。1924年工事が開始され、1932年に完成したこの橋は、鉄鋼アーチ型で、海面からアーチの中央部まで134メートルあり、世界で一番高く、一番大きい橋である。また、海面から約１００メートルのところを走っている車道（8車線）軌道（2車線）が合わせて10レーンあり、世界でも最も幅の広い橋である。毎年橋げたを塗りなおす。橋があまりにも大きいので端から端まで塗装するのに1年かかる。だから年から年中橋げたの塗装工事が行われている。水道、ガス、電気などのライフラインも橋を利用して通してある。水道管、ガス管、それに電線が多用されている。これらの原料の多くがオーストラリア生まれである。

今日、日本の自動車メーカーの国内生産台数は、年間１０００万台を超え、世界一になった。その自動車の車体やエンジンは、鉄やその合金でできている。鉄板の防錆メッキには亜鉛、塗装にはチタン、ホイールにはアルミ。ウィンドーはガラスで、その原料は珪砂（シリカサンド）である。何万個を数え、複雑に絡み合っている部品、留め金のボルトやナットから、車輪を支え制御している車軸ロッドやシャフトまで、ほとんど鉄、それに銅、錫、アルミ、ニッケル、マンガンなどの非鉄金属、それらの合金が使われている。排気ガス触媒、脱硝触媒などにはモリブデンが欠かせない。バッテリーといえば鉛。1台の車に使われている資材のほとんどに、オーストラリアの資源が利用されている。このように、オーストラリアからの資源がなければ、車を1台も生産できない。

写真 1-2　世界三大美港のひとつ、シドニー湾をまたぐハーバー・ブリッジ
（豪州政府観光局提供）

家庭の中をのぞいてみると、多くの家電製品があふれている。高度成長時代に三種の神器といわれた冷蔵庫。これを分解してみるとまたまた、多くの鉄やアルミが使われている。また、モーターや半導体が組み込ま

れ、電線ケーブルが多用されている。キッチンにある調理器具、鉄鍋、銅鍋、アルミ鍋、ステンレス製のナイフやフォークなど。ここにもオーストラリアが所狭しと隠れている。このように、日本の産業、国民生活を支え発展させたのは、オーストラリアの原材料である。日本の高度成長を支えたのは、紛れもなくオーストラリアのエネルギー、鉱山資源であった。これは、すべての人が認識すべき事実である。

四、日本の食卓を賑わすオーストラリア

エネルギー資源や鉱山資源のみならず、食料もしかり。高度成長時代から今日に至るまで、日本の食料需要の重要な部分でオーストラリアの果たした役割は大変大きい。

オーストラリアの面積は、750万平方キロで、約37万平方キロしかない日本の国土の20倍以上である。大部分が砂漠、荒野なので農耕に適した土地は、全体の3%くらいしかない。しかし、750万平方キロの3%は、22万平方キロで日本の全面積（37万平方キロ）の約60%に当たる。日本は、その国土の14%、つまり5万平方キロが農耕に適しているので、比較するとオーストラリアの農業用地は、日本の4倍以上である。ところがオーストラリアの人口は、2200万人である。農業がこの国の基幹産業のひとつであり、牧畜、酪農、穀物、果樹・野菜などの収穫物の半分以上を海外に輸出している。日本は、人口1億2000万人。食料自給率は40%でその必要量の60%を海外に依存している。そのため、毎年約10兆円もの巨額な金を使って世界100カ国以上から、ほとんどの種類の食料を輸入している。このうちアメリカ、中国、オーストラリアから全体の60%以上を依存しているのが現状である。

オーストラリアでは、農耕に適した土地の多くが大陸の東南部に存在し、この地域での四季は日本と逆になる。つまり、日本が夏の時は、オーストラリアが冬である。日本での端境期、つまり収穫のない期間にオーストラリアでは最盛期に当たるので、この気候の違いは、南半球に位置するオーストラリアにとっては有利に作用する。オーストラリアの農牧畜業は大規模で、かつ土地代が大変安いので、生産コストは世界でも最も競争力のある国のひとつである。

気候条件も大陸の東南部においては、日照時間が日本と比較すると数時間多く、オーストラリアではさんさんと降り注ぐ太陽の恵みをより多く受けている。自然災害は、このところ地球温暖化の影響で森林火災、干ばつ、洪水などが頻繁に起きているが、日本と比べると許容範囲内といえる。

また、オーストラリアも四方海に囲まれ、豊かな水産資源をもっている。しかし、日本と比べて漁業の発達は限定的で、ごく限られた魚種の捕獲に止まっている。それよりも、作る漁業が発達しており、日本向けには作る漁業からの漁獲の方が多く出荷されている。この結果、オーストラリアは早い時期から日本向けに多くの食料を提供してきた。

オーストラリアがコアラやカンガルーの国で豊富な鉱山資源があることは、ほとんどの人が知っている。オージービーフもオーストラリア政府の宣伝効果で知られているが、すでに述べたようにわれわれの身近で常に消費している食品の中にオーストラリア産が大変多い。われわれが毎日食べている食品には必ずオーストラリアが貢献している。このことに関してはほとんど知られていないのが現実である。

身近な例として数例を示すと次のようになる。

われわれが昼食に手軽に食べる天ぷらうどんを例に取ると、うどんの原料は、小麦である。小麦全体については、日本の需要量の90％以上を米国、カナダとオーストラリアから輸入している。その中でもうどんを作る時に使う中力粉の原料は、オーストラリアの小麦が主に使われている。天ぷらのエビはインド、タイ、ベトナム、インドネシアなどのほかにオーストラリアからも輸入されている。アジアからのエビは養殖物が多いが、オーストラリアからは天然物が多い。麺つゆは醤油。その原料の大豆は、ほとんどアメリカから輸入されているが、麺つゆには塩、砂糖などが使われる。砂糖、塩の原料は、どちらも日本の輸入の重要部分が、オーストラリア産である。天ぷらそばでも状況はほとんど同じである。そば粉の原料である玄そばは、1990年頃からオーストラリアのタスマニアからも輸入されている。

また、天ぷらに使う植物油は、菜種油が主流で、その原料の菜種は、オーストラリアから輸入されている。キャノーラ油もオーストラリア産が出回っている。つまり、手軽に食べる天ぷらうどん、天ぷらそばは、オーストラリアなしでは考えられないのである。このことは一般の消費者には知られていない。この天ぷらうどんの原料は、オーストラリア産だと、店の者は誰も言わないからである。また、一般消費者は原料がどこのものかであるかについて尋ねない。ここにオーストラリアが隠れている。

もう一例、一風呂浴びた後のビールはことのほか旨い。日本ではキリン、アサヒ、サッポロ、サントリーなどがビールを作っている。最近はビールまがいの発泡酒の方が、価格が安いので人気がある。しかしやっぱりビールがよい。ビールの原料は大麦で、大麦を発芽させ麦芽（モルト）を作り、それに砂糖を加えて発酵させて作るのである。ビールの渋みを出すのにホップを添加する。このモルトは、カナダ、イギリス、オーストラリアからほとんど均等に年間約50万トンが特製タンクで運ばれ輸入されている。だからわれわれが飲んでいるビールの3分の1は、オーストラリアである。それにナッツやあられがあればばうれしい。またマグロやあわびなどがあれば最高である。最高なのはオーストラリア産である。

さらにもう一例、若者や家族の間ではマクドナルドのマックバーガー、ファミレスでのハンバーグ定食がポピュラーである。ハンバーグは、肉を主体に野菜など何種類もの食材で作られる。その核になるのが肉である。肉も牛肉がメインで、日本で使われるハンバーグの原料は、ほとんどオーストラリア産が使用されている。食後のデザートのアイスクリームは、生クリームと砂糖を攪拌し、その後で牛乳を加え、さらに塩を少々加えて作るのである。この生クリームの原料は、オーストラリア産。砂糖、塩はすでに述べたように、その多くがオーストラリア出身である。

このように日常われわれが食する食料にはオーストラリア産が欠かせない。原料として使われるケースが多いので形を変えて出てくる。身近な食べ物の出身地がわからないケースが多い。オーストラリアはその典型的なものである。ほんの数例においてもオーストラリアがわれわれの生活にこんなに身近なことを知って驚かれる読者が多いと思う。

日本の輸入食料の15％以上がオーストラリアから来ていることはあまり認識されていない。オーストラリアから輸入されている多くの食料は、日本で作られる主たる加工食品の原料である。すでに述べた調味料の基本である砂糖や塩、プロセス・チーズの原料になるナチュラル・チーズ、アイスクリーム、ヨーグルト、乳酸飲料やパンなどに使われている脱脂粉乳、うどん、即席ラーメンなどの原料である小麦、ビール・ウイスキーの原料である大

写真1-3　家庭の裏庭でのバーベキュー

麦・モルトなどである。そのほか、牛肉を主とする畜産物、エビ、伊勢エビ、まぐろ、あわびなどの水産物、アスパラガス、たまねぎ、オレンジ、さくらんぼ、レモンなどの野菜・果実、天ぷらや揚げ物に使うキャノーラ、オリーブ油などの植物油などがオーストラリアから輸入され、日本の食卓を賑やかにしているのである。これらの食料が日常生活にいかに深く関わっているかについては次章でくわしく紹介する。

第二章

日本の国運を左右する資源の確保

オーストラリアは資源大国である。日本の20倍以上ある広大な大陸には、天然資源が満載である。探査を待っている未確認の資源、すでに探査で確認されている埋蔵資源、これからの開発を待っている資源で満ち溢れているのである。ここ数十年、この国は資源ブームを謳歌し、国力を強化増大させている。今日この豊富な資源が、オーストラリアの全輸出の60％以上を占め、その割合は将来さらに拡大するであろう。2011年、オーストラリアでは資源開発のために、さらに10兆円相当以上の資金が投下されている。これは前年度の倍である。アジア経済が強固に発展し続けるということは、オーストラリアの資源に対する需要が、今後とも中長期にわたって持続、拡大するということである。

日本にとって国家体制を維持し、経済を発展させ、将来に向かって存続可能にするためには資源が引き続き不可欠である。それは、エネルギーを生み出したり、製品の原料として使用したり、生活の必需品として確保したりしなくてはならないからである。特に国際競争できる天然資源、鉱山資源がほとんど存在しない日本は、競争力があり埋蔵が潤沢な国から、それらの資源を輸入しなければならない。その調達先として、昔も今もそして将来も、オーストラリアは最重要供給国である。まずこの認識を十分にすることから始まる。

オーストラリアの資源なくして日本は生きていけない。それでは、日本はどのような資源を何にどれだけ利用しているか、そしてその資源はどこからどのくらい輸入されているのか、具体的に記述する。このことによりオーストラリアが果たしている役割が十分に認識できるはずである。そして、われわれの日常生活の一挙一動にオーストラリアが、深くしっかりと関与していることが判明する。

一、国の根幹であるエネルギー資源

近年、エネルギーをめぐる諸情勢は劇的な変化を呈している。ＢＲＩＣｓなど新興国の急速な経済発展にともない、世界的にエネルギー需要が急増している。さらに、資源国の間では資源ナショナリズムが台頭し、資源を外交のカードとして利用している。新興経済国を含む消費国の間では、資源争奪競争が激化し、エネルギー資源の価格は高止まり、産業活動、国民生活にそのしわ寄せが顕在化しつつある。資源の少ない日本にとって、今後エネルギー安全保障政策を十分に検証し、再構築を図らなければならない。人間が活動するためには食料というエネルギーが不可欠である。経済活動、産業においてのエネルギーとして電力がその重要な役割を果たしている。

日本の発電電力量比率は、２００９年度時点で次のようになっている。

原子力………29・3％
石油…………6・1％
石炭…………24・9％

ＬＮＧ………30・４％
水力………８・２％
その他(1)……１・１％

２０１１（平成23）年３月11日に発生した東日本大震災の影響で、東京電力の福島原発での事故が大きな問題を呈したことは記憶に新しい。東京電力による原子力発電は、この会社の全電力供給の30％ほどを賄ってきた。その６割近くの発電をしていた福島第一、第二原発が、完全に運転中止になった。その結果、電力供給不足が露呈、管轄の関東圏には計画停電が実行され、産業や住民の日常生活に多大な影響を及ぼした。

さらに、この大惨事からの教訓をもとに、国の原発対策に新たな局面が展開した。中部電力が運営している静岡県御前崎にある浜岡原発の操業中止を、国が要請したのである。理由は、この原発が、専門家によって近い将来必ず起きるといわれている東南海大地震地帯のど真ん中に位置し、東日本大震災のような、大地震、津波に十分対応していないので、十分満足いく対策が施されるまでのリスク回避のためとされた。これによって、中部地域における電力供給不足が懸念されている。このことにより、中部地域の産業、市民生活に相当の影響が及び、かつ全国的にその余波が避けられなくなった。関西電力をはじめ他の地域の原発にも影響が及んだ。点検のため休止中、点検が終了した原発について、自治体や市民がその再開に拒否反応をしている。このことにより原発による発電が実質上できなくなっている。この結果、夏のピーク時には電力不足に陥る可能性があり、節電要請が出された。国民にもあらためて節電努力が求められ、日常生活に不便をきたすことになった。

政府においても、今回の福島原発の事故を受けて、今までの原発促進政策に変更が見られ、今後は水力、太陽光、風力、バイオマスなどの自然エネルギーをよりいっそう推進することが決められた。

このように国の産業、国民生活のエネルギー源である電力供給に問題が生じると、ネガティブな国家的影響が避けられなくなる。国にとって電力がいかに重要で大きな役割を担っていることが実感された。国の柱である電力を作り出すエネルギー資源が、いかに重要であるか認識を新たにしている昨今である。

石炭

その電力を作り出す発電のためのエネルギーとして広く使用されているのは石炭である。石炭には一般炭と原料炭がある。ここではまず燃料に使用される一般炭について検証してみる。一般炭は日本の莫大な電力需要に応えるため、タービンを回して発電するための燃料として使われる。全発電の25%を賄っている。そのための石炭需要は、年間1億6000万トンを超える。すでに述べたように1965年当初は、国内需要の75%を国内の炭鉱で供給していたが、その後1970年には50%を切り、1980年代以降は、ほとんど全量を輸入している。一時期アメリカ産が輸入されたが、国内炭の穴埋めをしたのは豪州炭である。今日では2兆円を超える買い物である。全体需要の60%以上をオーストラリアからの輸入で賄っている。

オーストラリアでは、もともと国内向けに石炭が生産され、エネルギー資源の禁輸政策をとっていた。このため、一般炭の輸出も禁止されていた。その後、1974年日豪政府の合意によって禁輸が解除された。オーストラリアには高品質の石炭が豊富にあり、輸出需要を賄うために炭鉱開発が進められ、日本も商社を中心に権益を取得するなど、積極的に開発に関わってきた。オーストラリアは１９８４年に、アメリカを抜いて世界最大の石炭輸出国となり、２００８年の輸出量は2億５２２０万トンに達している。オーストラリアは、世界で最大の石炭輸出国で、世界の一般炭輸出全体の21％を占めている。埋蔵量も世界一である。オーストラリアでは主にクイーンズランド州で、ほとんど露天掘りの状態で採掘されている。

日本は２０１０年まで長い間、世界で最大の石炭輸入国であった。ところが、中国による２０１０年の石炭純輸入量が、1億トンを超え、２０１１年に日本を上回り、世界で最大の石炭輸入国になった。中国は、２００７年まで石炭の純輸出国であったことを考えれば、中国の経済発展のスピードが、あまりにも早急で巨大であるかがわかる。そのため国内産だけではその需要を充足できず、大量に輸入する必要が生じて、資源大国のオーストラリアを主体に供給を確保するようになった。このオーストラリア依存度の急伸は、中国の石炭（一般炭）輸入量が２００８年の２２０万トンから、2年後の２０１０年には10倍の２１９０万トンに急増していることによっても明白である。

天然ガス

近年、石炭よりもクリーンな天然ガスが、発電用の燃料として増加している。すでに記述したように、石炭を抜いて全体発電量の30％を超している。日本はその需要の96％を輸入に依存している。カタール、インドネシア、マレーシア、オーストラリアから年間６８００万トンが輸入さている。最近インドネシアがその輸出を制限しているので、オーストラリアが最大の供給国になった。需要全体の20％以上を満たしている。オーストラリアでは、天然ガスの開発が、引き続き急ピッチで進められているので、日本のオーストラリアに対する依存度は、今後ますます増大していくであろう。

日本は、発電用燃料に石炭よりクリーンな天然ガスの輸入に力を入れている。2011年に締結した7兆円規模の長期契約では、東京電力が、西オーストラリア州から毎年300万トンの天然ガスを20年にわたって供給を受けることになっている。九州電力も同じく、西オーストラリアから20年間で1500万トンの供給を受ける合意をしている。東京ガス、大阪ガスなどに加え、中部電力、東邦ガスも2017年から15年にわたり、西オーストラリア州洋上で日本企業（INPEX）とフランスの合弁会社が、3兆円をかけて開発しているガス田から供給を受けることになっている。他の電力会社、ガス会社も例外なく、オーストラリアから長期に供給を受けるための契約をすでに結んでおり、加えて現在も交渉中である。天然ガスの埋蔵量も無尽蔵に近いオーストラリアから、液化天然ガスとして今後も輸入量が増え続けるであろう。

経済成長著しい中国は、2006年には天然ガスの純輸入国になり、西オーストラリア州のガス田から2006年に続き、2009年には史上最大の5兆円にも及ぶ天然ガスを購入する契約を締結した。さらに2010年、今度はクイーンズランド州から6兆円規模の天然ガスの長期輸入契約を締結した。また2011年には、同州からそれをさらに上回る9兆円規模の長期輸入契約を締結している。過去2年の間にオーストラリアは、日本、中国、韓国をはじめアジア諸国と総額50兆円に及ぶ液化天然ガスの長期供給契約を結んでいる。

オーストラリアの天然ガスの輸出は、現在の年2000万トンから、2017年には6000万トン、そして2020年までには1億トンに急増し、世界最大の天然ガス供給国になると予測されている。これは、現在世界最大の埋蔵と生産力を誇るカタールに匹敵し、さらにそれを追い越す勢いで、オーストラリアが、世界最大のＬＮＧ供給国になる日が近いことを示唆している。

これを加勢するように、２０１１年、メジャーのシェルが、西オーストラリア州の沖合に世界初の、沖合浮上プラットフォーム（総重量30万トン）での液化施設を建設する決定をした。総工費は１兆円を超え、ここでの処理能力は３６０万トンで、ここから直接ＬＮＧ専用船に積み込むことができ、海外に輸送できる。現在は、沖合のガス田から長いパイプラインで陸上の処理設備に搬送する必要があり、コスト面、配送面において改善が求められている。この新しい施設から、大阪ガスに供給することがすでに決まっている。このようにオーストラリアは、将来に向かってＬＮＧ供給国としての不動の立場を確立しているのである。この環境の中で、中国や韓国をはじめ経済発展目覚しいアジア諸国との天然ガス争奪が、今後いっそう厳しさを増すことはだれにでも想像できることである。

ウラン

日本で発電のためにウラン燃料を使い始めて、かれこれ50年が経過する。政府のこれまでの原子力促進政策の結果、全電力の29％が原子力発電である。世界的な温暖化防止対策の一環で、温暖化の原因とされている二酸化炭素の排出量削減のためクリーンな代替エネルギーの確保、開発に大きな努力と関心が注がれてきた。そのクリーンなエネルギーの一番手になっている原子力発電は、過去にアメリカのスリーマイル・アイランドや旧ソビエトのチェルノブイリで事故があり、その安全性に大きな問題があった。つい最近日本でも東日本大震災の影響で、東京電力の福島原発において水素爆発、放射性物質の放出、漏洩という未曾有の重大事故が発生したばかりである。この事故を受け、稼働中の原発を今後すべて廃止すると決めたドイツや、国民投票で脱原発を大多数で決めたイタリアの例があるが、地球環境問題の観点から原子力発電は、安全再確認の上今後とも多くの国で増えていくであろう。

原子力発電のエネルギー原料であるウラン鉱の埋蔵は、地球上で限られている。原料の争奪合戦がすでに始まっている。オーストラリアは、世界最大のウラン鉱埋蔵国で、世界の約40％を占める。生産量もカナダに次いで2番目である。オーストラリア労働党の政策変更（新規鉱山開発の凍結を解除する）で今後のウラン鉱山の開発が急速に進んでいくので、近い将来世界最大の生産国になるであろう。日本が必要とするウランの3分の1がすでにオーストラリアから来ているが、将来はその依存度が必然的に大きくなる。昔多かった水力発電は、今ではその貢献度が微小である。石炭を燃料とした火力発電も将来的には減少するであろう。東京電力の原発事故後、政府は自然エネルギーを今後のエネルギー政策の核にしたいようだが、代替自然エネルギー開発、実用化には、莫大な経費と時間を要するであろう。

写真 2-1　豪州大陸中央部のウラン鉱処理施設

オーストラリアの労働党は、過去20年以上にわたり、核拡散や環境への懸念からすでに操業している3つのウラン鉱山以外のウラン開発そのものに反対の立場を取ってきた。埋蔵量の多い北部準州、南オーストラリア州は、現在労働党政権であるためこの3つのウラン鉱山以外新たなウラン開発はできなかった。

連邦政府は、保守・国民党連立の前政権でウランを開発し輸出を拡大するために鋭意努力をしていたが、州政府の政権を握っている労働党の政策のためなかなか実施できなかった。

しかし、地球温暖化問題のためウランを燃料とするクリーンな原子力発電が再び注目を浴び、世界的に需要が拡大している。中国の経済成長は、長期的に安定したエネルギー源を必要としている。中国は、米国に次ぎ世界第2位のエネルギー消費国であり、現在はその80％が石炭を中心とした化石燃料で賄われているが、２０２０年までに原子力エネルギーを現在の4倍にする計画がある。これによって、温室効果ガス排出量を抑えられるとしている。中国は、現在、国産ウランで原子力発電の需要を賄っているが、今後の経済成長にはウラン資源の輸入が不可欠である。

アメリカ、中国などを中心に原子力発電の拡大が見込まれる中、ウランの供給はひっ迫し、ウラン価格が急騰している。ここ数年の間に4〜5倍になっている。このような背景で労働党が、新規ウラン鉱山の開発を認めたのである。中国、ロシア、インド、フランスなどは積極的なウラン外交を展開している。中でも中国、そして国内の発電の70％を原発に依存するフランスは、オーストラリアのウラン探査、開発会社の権益を取得し、オーストラリアに対するアプローチを盛んにしている。世界最大の埋蔵量を誇るオーストラリアでのウラン争奪戦がすでに始まっている。

オーストラリアの操業中のウラン鉱山は3カ所で、そのうち南オーストラリア州に2カ所と北部準州に1カ所ある。南オーストラリア州の鉱山は、オリンピック・ダム（ＢＨＰ・ビリトンが所有）とベバリー（アメリカ資本）で、１９８８年と２０００年にそれぞれ操業を開始している。これらの鉱山での生産量は、合計で約６０００トンである。北部準州にあるレインジャー鉱山は（リオ・ティント所有）、１９８

1年創業で生産量は、年間5500トンである。オーストラリアからは、日本をはじめ、韓国、フランス、アメリカ、スウェーデン、ベルギーなどに輸出されている。オーストラリアでは原発が存在しないので、国内需要はなく全量輸出である。新規鉱山の開発も急ピッチで進んでいる。中国のウラン需要は、2020年頃から1万トンになると見込まれ、オーストラリアからはそのうち半分近くが供給されると予測される。

以上のように日本は、エネルギーを作り出す発電のための燃料として、石炭、天然ガス、ウランの供給を大きくオーストラリアに依存しているのである。これらの資源をひとつの国で安定的に長期間供給できる国は、オーストラリア以外には存在しない。このエネルギー資源が、万が一にも来なくなれば、日本の産業も国民生活も成り立たなくなる。

ちなみに、エネルギー源として長年石油が使用されてきたが、幾度の石油ショックを経て、原油価格の高騰などで今日ではその発電利用度が、経産省の統計だと6％まで低下している。今後天然ガス、ウランの利用度がさらに拡大すると予測されているので、石油価格が高値を維持するかぎり、環境問題も含めて石油の利用度はさらに低下するであろう。

国の安全保障上、エネルギー資源の確保は、死活問題である。海水のごとく流動的な世界情勢を十分把握し、安全保障政策を再構築せねばならない。資源の確保に関しては、供給国の政情、資源ナショナリズム、地政学的なリスク（テロ、海賊、戦争、内戦など）、地質学的要因（埋蔵量、資源マップ）、資源メジャーの価格支配、天災、ストなどのリスクを詳しく検証し、そこから出てくるベストな資源政策を真摯に構築、実行せねばならない。オーストラリアは、供給国として最善の選択肢、いや必要不可欠なパートナーである。これこそが、〝なぜ今オーストラリアなのか〞である。

二、産業を支える鉱物資源

国民生活、産業活動の原動力である電力を作り出すエネルギー燃料に加えて、日本の基幹産業、製造加工産業において付加価値を付ける各種鉱物資源が工業原料として必要である。これらの資源もこれまでに述べたように国内でほとんど存在しないことに加えて、石炭、銀、銅、モリブデンなどのように年が追うに従って国際競争力が低下し、操業していた日本国内の鉱山は、軒並み閉山に追い込まれた。この結果、現在は海外からの輸入にほとんど依存しているのが実情である。その主なものを順に披露していく。

鉄鉱石

鉱物資源の代表的なものが鉄鉱石である。すでに何度も言及したように、道路、橋梁、鉄道、港湾などのインフラ、住宅や建物、さらには造船、機械、自動車などあらゆる箇所で鉄が使用されている。国民生活に必要不可欠な鉄鋼は、鉄鉱石を主な原料としており、鉄鉱石がなければ鉄は生産できない。「鉄は国家なり」と言われた。国力、産業力の基礎が、鉄だということである。鉄は国の産業、国民生活のすべてに基軸の役割を果たす。

鉄は人類の発展のために主たる役割を果たした。古代の鉄器時代から、農業を支えた。鉄器の使用により農業の生産性が急激に向上した。農業生産の増大は、人口の増大をもたらした。文明はどんどん発展し、

18世紀後半～19世紀初めのイギリスでの産業革命を引導し、鉄の大量消費時代が到来した。工業生産財、製品に必要な鉄鋼生産量が、国の工業力を示す指標となった。

鉄鋼業は、主要国では国内に一定の生産基盤を有し、通常高い自給率を維持している。日本の鉄鋼生産は、戦後、１９５３年に操業開始した川崎製鉄千葉に始まり、太平洋側臨海部における一貫製鉄所の建設が相次ぎ、高度成長期に著しい伸長を遂げた。１９７３年には、日本の鉄鋼生産は、人口規模で2倍以上の米国と肩を並べる1・2億トン水準に達した。

その後発生したオイルショックは、鉄鋼需要の低下と原燃料コストの上昇から、日本の鉄鋼業に大きな影響を与えた。また、１９８０年代中頃の円高不況における設備の休・廃止と、その後のバブル景気における需要の高まりなどを経て、生産規模は増減を繰り返してきた。近年のアジアの成長による鉄鋼輸出量の拡大により、内需の長期低迷にもかかわらず生産規模は、21世紀にはいって上昇傾向に転じた。２０１０年には、1億トンを再度上回ることになった。これは世界総生産量の約8％である。

２０１０年の世界全体の鉄鉱石生産量は、約24億トンであった。順位は、中国、オーストラリア、ブラジル、インド、ロシアで、上位5カ国の合計が世界全体の約85％を占め、そのうちオーストラリアは、全体の17・5％、4億２０００万トンを生産した。国内需要が少ないのでほとんどを輸出している。世界の鉄鉱石の供給側メンバーはほぼ固定しているが、需要側のメンバーは大きく入れ替わっている。かつては米国、日本、欧州が主なプレーヤーだったが、近年、中国、日本、韓国が主な輸入国になっている。世界全体の鉄鉱石輸入量は、10億トンを超えて、中国、日本、韓国の上位3カ国合計で全体の80％近くになる。中国は世界最大の鉄鉱石産出国であるとともに、全体の70％近くを輸入する最大の輸入国である。

日本は年間1億トン以上の鉄鉱石を輸入し、そのうち60％以上が、オーストラリアからきている。残りはブラジルである。豪州の鉄鉱石は、もともと日本向け輸出を目的として開発されてきたが、新興経済国の需要増や、近年では中国向け輸出が急速に拡大している。オーストラリアは、今日世界の鉄鉱石輸出の41％を占める鉄鉱石輸出超大国になった。

オーストラリアでの鉄鉱石生産は、そのほとんどが西オーストラリア州で行われており、特に同州北部に位置するPilbara（ピルバラ）地域での生産が中心である。世界最大級の鉄鉱石生産企業で、資源メジャーのＢＨＰ・ビリトンとRio Tinto（リオ・ティント）によるピルバラ地域での生産は、この2社でほぼ独占状態であったが、２００８年に、オーストラリア企業であるFortescue Metals Group（フォーテスキュー・メタルズ・グループ）がこの地域においてリオ・ティントの主力であるHamersley（ハマスレー）鉱山近隣で、年間５０００万トン規模の鉄鉱石生産を開始している。フォーテスキュー・メタルズは、将来的に鉄鉱石生産規模を年間1億トンクラスまで引き上げる計画を立てており、これら3社がオーストラリアでの鉄鉱石生産の鍵を握る。

急激な経済発展を続けている中国の鉄鋼生産は、このところ毎年３０００万トンを上回るペースで拡大し、２００6年には4億トンと、世界の粗鋼生産の3割強を占めた。さらに、２０１０年には生産量が6億２６６５トンに急伸して、全世界の生産量14億１３５９万トンの44％を占めるに至った。１

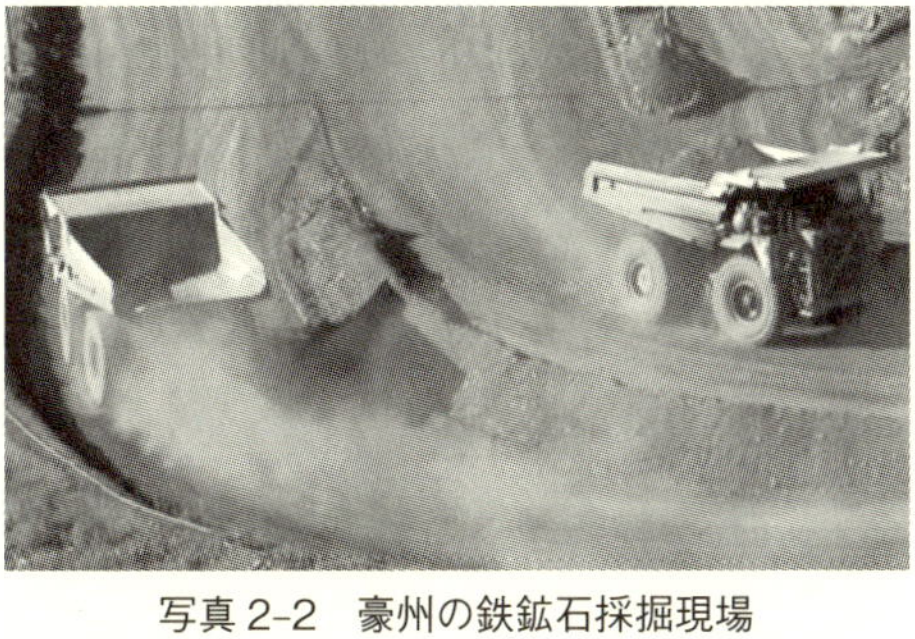

写真 2-2　豪州の鉄鉱石採掘現場

996年以来、生産高世界一を連続して維持している。

2002年までは日本が最大の鉄鉱石輸入国であったが、石炭よりも早く、2003年に中国が日本を抜いて世界最大の鉄鉱石輸入国となっている。すでに述べたように中国は世界最大の鉄鉱石生産国でありながら、世界最大の輸入国でもある。それだけ中国での鉄鋼の需要が、膨大だということがよくわかる。中国による鉄鉱石の輸入が急増している。2010年には、中国は8兆円相当の鉄鉱石を輸入した。輸入量の急増に止まらず、現地法人を利用して豪州の供給元の買収、さらには港湾、鉄道などのインフラに対しての直接投資も急増している。この結果、豪州における鉄鉱石の第4の供給元になりつつある。海外での企業買収、投資に関しては中国政府の開発銀行、輸出入銀行が積極的にバックアップしている。もちろん中国の進出は顕著であるが、同時に韓国やインドも中国に負けず劣らずの積極性で豪州に進出を促進させている。この辺の事情に関してはこの後の第三章でくわしく述べる。

原料炭

石炭には、すでに述べた燃料に使われる一般炭のほかに、原料として使用される原料炭がある。原料炭は、製鉄やコンクリート製造用のコークスや都市ガス生成に使われる。鉄鉱石は鉄が錆びた状態であるので、これを石炭と一緒に燃やしてやると、鉄が還元されて錆びていない鉄が得られる。ほかにセメント工場、窯業などでも使う。日本における需要は、年間約8000万トンで、その60%以上をオーストラリアから輸入している。オーストラリアの本格的な石炭輸出は、日本向けの原料炭を生産する炭鉱を開発したことに始まる。日本は高度成長の初期に、原料炭の供給を一般炭同様アメリカに依存していたが、原料炭需要の拡大にともない、供給源をオーストラリアにも求めるようになった。日本の輸入拡大とともに、オーストラリアの原料炭輸出量が急増した。

オーストラリアは原料炭生産量において、中国、米国、インドに続く第4位であるが、石炭貿易において非常に重要な地位を占めている。１９８０年代に、世界一の輸出国となった。今日では世界の原料炭輸出のなんと56％を占めている。その主な要因は、アジアの石炭需要の増加にともない、その安定供給を果たしたことである。それに比べ、オーストラリア以外の主要石炭輸出国には不安要因が大きい。

中国では国内需要が旺盛で、従来の輸出国から、輸入国に大きく衣替えをしている。主要輸出国であるインドネシアでは政情不安、インフラ整備が遅れている。さらには、国内需要が今後大きく伸びると予測される。南アフリカは政情不安が大きく、輸送距離が長すぎるというような問題点がある。それに引き換えオーストラリアは、石炭資源量、炭質、輸送インフラがいずれも他国と比較して良好な状況にある。ほかの輸出国の不安定要因を考慮に入れると、オーストラリアは、アジア各国や日本にとって最も信頼できる石炭輸出国である。その役割はますます重要になる。鉱山は主に東の州、クイーンズランド州とニューサウスウエールズ州に幅広く集中している。

中国では国内需要が旺盛で、今後とも輸入量が急増するであろう。事実中国は、２００７年には輸出国としての立場であったが、この分野でもすでに純輸入国になっている。対豪貿易を見ると、中国のオーストラリアからの輸入量は、一般炭と同様２００８年の１４０万トンから、わずか1年後の２００９年の２２７０万トンへと急増し、中国の豪州依存度は66％にもなっている。この中国の資源確保への急進出は、驚異的なことである。これを想定外であると済ませられる問題ではない。これにインドが急遽参入してくる。日本はこの急激な変化に対しての認識を深め、中国、インドの動向を注視し、緊急かつ死活的な対応を取る必要がある。

ボーキサイト、アルミ地金

産業や日常生活においてアルミ製品は、大変身近なものである。車、家電製品、機械、住宅などあらゆるところにアルミが使われている。家庭においてもアルミ製品であふれている。

日本が必要とするアルミニウムの量は、用途の拡大に応じて順調に増加してきた。戦後約30年間は、原料のボーキサイトを、主にオーストラリアから輸入し、国内でそれを苛性ソーダで溶かしてアルミン酸ソーダ液を作り、アルミナを抽出しそれをさらに電気分解し、国内でアルミ地金（アルミニウム）を作っていた。

国内のアルミ精錬は、１９７７（昭和52）年に生産量が、約１２０万トンのピークを迎えたが、その前後２度のオイルショックによる産業構造の変化（アルミナの電気分解では、銅の精錬に必要な電力量の10倍以上の電力が必要になる。日本の電力料金が、国際的に割高になったこと）にともない、撤退を余儀なくされた。現在、国内の地金メーカーは、水力発電で細々と精錬をしている1社のみとなっている。

この結果、現在はアルミニウムのほとんどが輸入に切り替わっている。国内のアルミ地金需要の99％以上を輸入に依存し、世界各国から約１２０万トン輸入している。主な輸入先は、オーストラリア、ロシア、ブラジル、ニュージーランド、南アフリカなどで、最大の供給国であるオーストラリアから、全体の約40％の45万トンを輸入している。つまり、アルミ鍋、アルミホイール、アルミ缶、アルミサッシの40％は、オーストラリアなのである。しかもオーストラリアは、アルミの原料であるボーキサイトの埋蔵量世界一を誇る。

金

金属の代表ともいえる「鉄」の約2・5倍の重さ。硝酸と塩酸を混ぜた特殊な酸を除いては溶けない性質をもち、その黄金の美しい輝きは、何千年も決して失われることはない。また、金属の中では展性・延性・導電性に優れ、薄くすると1万分の1ミリの金箔にすることができ、引き延ばすと、1グラムの金で約3000メートルの糸（金線）にすることも可能である。伝統工芸品、アート、電子部品を作る上でも欠かせない貴重な素材となっている。

金箔は見た目の美しさもさることながら、金箔を貼った面を腐食などから保護する役割も兼ねている。金メッキなどもこうした目的で使われている。人工衛星の外側に貼られたりもしている。金は酸等におかされることが少ないため、金歯として使用することも多い。また、耐性が高く反応性が低いので、アレルギーを起こしにくく、長期間使用しても金の成分が流れ出すようなこともない。

あまり知られていないが、電子計算機、中央処理装置、身近なスーパーのレジなど、演算処理機器において金はなくてはならない存在である。よりクリアでより高速の電気信号を伝えることができ、腐食などの危険がない金は、こうした最先端の電気製品において、代替が利かない優秀なものである。また、ガンの治療薬として、あるいは検査時のコーティング材として使用されるなど、医学関係にも大きな役割を果たしている。

２００８年における金の国内需要は、私的保有金を含めて１６６トンであった。用途別では、電気通信機器、機械部品が半分を占め、宝飾・美術工芸などが14％、メッキ用が８％、歯科医療用が７％と続く。なお私的保有金は、29トンあり、全体の約17％を占めた。需要のほとんどを輸入に依存しており、オーストラリアからは40トンほど輸入している。これは、全輸入量の約25％に当たる。

中国、南アフリカ、オーストラリア、米国、ロシアなどが主要な生産国である。上位３カ国でそれぞれ２００トン以上生産している。世界全体の年間金生産量は、約２３８０トン（約７６５０万オンス）で、生産量上位５カ国合計で、世界全体の年間金生産量の約半分を占める。

オーストラリアは、１８５０年代にゴールドラッシュを経験し、当時砂金の生産高は世界有数であった。ピーク時には、１００トン近くの金を生産していた。その歴史的な背景は、今日でも引き継がれ、世界３位の金生産国になっている。２００９年には約３００トンが生産され、ほとんどが日本を含めインド、シンガポール、タイ、イギリスなどに輸出されている。

オーストラリアでは、西オーストラリア州で主に金生産および開発が行われており、同州からの生産は、カルガリーを中心とした地域で、オーストラリア全体の約63％を占めている。特にNewmont Miningが、西オーストラリア州で２００９年に生産を開始したボディングトン鉱山の金生産量は、世界最大級となる年間３１１トン（１００万オンス）が見込まれている。また、生産拡張、新規の開発も進んでおり、今後オーストラリアが世界最大の金生産・輸出国になる日も近いと予測される。さらに、南オーストラリア州の奥地、オリンピック・ダムで操業中の鉱山の拡張がごく最近認可されたので、この鉱山が世界でも最大の金鉱山になり、金生産におけるオーストラリアの立場は一挙に鼓舞されることになる。日本には、新潟県の佐渡など有名な金山が複数存在したが、現在では鹿児島県の菱刈鉱山のみである。年間8トンほどが生産されている。

銀

銀は、古来、金とともに貨幣として広く流通した。現在ももちろん貨幣として使用されている。そのほかの用途としては、鏡、反射フィルムなどに多用されている。銀イオンは、バクテリアなどに対して極めて強い殺菌力を示すので、浄水器の殺菌装置など、近年急速に殺菌剤として普及してきた。日本では、公衆浴場における浴槽水の衛生管理が義務付けられているので、銀イオンはその浴槽水の殺菌に利用されている。

銀はまた、写真の感光剤として利用されている。われわれに身近な歯科医療でも、比較的安価な材料として、保険診療で使用されている。主に虫歯や歯根の患部を削った空洞などに、失った歯牙部分を補完する形で銀合金をかぶせたり、はめ込んだりする方法である。室温において銀は、既知の金属の中で最も電気抵抗が低い。そのため、導電性の良い電線としても利用されている。

オーストラリアのCannington（カニングトン）鉱山は、世界最大の銀鉱山で、メキシコ、ペルー、アメリカに続いて、世界4位の銀生産国であるオーストラリア全体の年間銀生産量の半分強、世界全体の年間銀生産量の約6％を占める。この鉱山は、クイーンズランド州タウンズビルの西約800キロの位置にある。鉱石の採掘から精鉱生産まで行っている。1990年に鉱床が発見され、1997年に生産が開始された。イギリス・オーストラリアの資源メジャーであるBHP・ビリトンが所有、運営している。

同社の銀部門および鉛部門の主力鉱山であり、銀生産量で同社の年間生産量の約80％、鉛生産量で同社の年間生産量のほとんどを占める。２００９年カニングトン鉱山からの年間銀生産量は、約１０００トン（約３１００万オンス）であった。そのほとんどが、日本向けに輸出された。

銅

銅は、人類が最も古くから使っている金属である。最古の銅製品は、紀元前８８００年頃までさかのぼるといわれている。日本でも古くから重宝にされており、国内で最も生産量が多い非鉄金属であった。日本は、歴史的に足尾銅山、別子銅山、日立銅山などの大鉱山をかかえた輸出国であったが、時代が進むに従って国際競争力が劣化し、すでに記したように現在これらの銅山はすべて廃鉱となっている。

銅には電気や熱をよく伝える性質がある。だから、消費量の約３分の２は電線関連に使用されている。ほかに、銅管（主に水道、エアコン、ラジエーター等）が主な用途である。最近では、半導体材料や電解銅箔などＩＴ産業向け用途も拡大している。また、ほかの金属との合金で真ちゅうや青銅などがよく知られている。

日本は今日、世界第2位の銅鉱石（精鉱）輸入国であり、２００９年には４７７万トン（精鉱量）を輸入した。主な輸入先は、チリ（36％）、インドネシア（20％）、ペルー（16％）、オーストラリア（８％）、カナダ（６％）。銅鉱山で採掘される銅鉱石の平均品位が低いので、銅純度を高め、品位30％前後とした銅精鉱を輸入している。２００８年の世界の銅鉱石生産量は、１５３４万トンで、主要生産国は、チリ（36％）、米国（８％）、ペルー（８％）、中国（８％）、オーストラリア（５％）などであった。なお、鉱山の拡張計画が進行中のオーストラリアでは、銅鉱石の生産がいっそう増加し、それに従ってオーストラリアからの日本の輸入が増えるであろう。

一方、銅鉱石から作られる銅地金に対する世界の消費量は、2008年で1807万トン。その主要な消費国は、中国（28％）、米国（11％）、ドイツ（7％）、日本（6％）、韓国（4％）などであった。銅鉱石の世界の埋蔵量は、約4億9000万トン（純分）と推定されている。これらの埋蔵は主に、チリ、アメリカ、インドネシア、ペルー、ポーランド、メキシコ、中国、オーストラリアに存在する。銅価格は、中国・インドなどの経済成長を主要因とする世界的な需要の拡大により2003年後半から急騰し、高値で推移している。

鉛

鉛の需要は、蓄電池と無機薬品、ハンダや伸銅品、その他の用途に大きく分類できる。全用途の86％を占める鉛蓄電池は、安定した品質、高い信頼性、優れた経済性、バランスの取れた性能などから、安定した需要分野となっている。鉛電池は、自動車のバッテリーをはじめ広く使われ、高負荷に耐え、出力当たりのコストも安いなどの特長をもっている。最近、リチウムイオン電池が、ハイブリッド車や電気自動車に採用または有望視されているが、鉛蓄電池は、コストが安いので当分使われるであろう。

世界の鉛鉱石生産量は、402万トンで、鉱石の主要生産国は、中国とオーストラリアで60％以上を占める。世界の埋蔵量は、1億4000万トンで、中国、オーストラリア、米国に集中し、3カ国で60％以上になる。一方、鉛鉱石から精錬され作られる鉛地金消費量は、世界全体で2009年に860万トンで、主要消費国は、中国（45％）、米国（16％）である。日本は少なく全体の2％程度である。それでも日本は、世界第4位の鉛精鉱輸入国であり、2009年には15万トン輸入している。主な輸入先は、オーストラリア、米国、ペルーなどで、オーストラリアのシェアは50％以上であった。オーストラリアは世界最大の鉛鉱石生産国の一員で、世界最大の輸出国である。

亜鉛

亜鉛の需要分野は、メッキ、伸銅品、ダイカスト、化成品（およびその他用途）に分けることができる。そのうちメッキと伸銅品、ダイカストで全体の90％近くになる。メッキの大きな需要分野に、自動車ボディー用の亜鉛メッキ鋼板がある。ボディーの耐食性向上を目指した亜鉛メッキ鋼板の採用は、欧米や日本で1970年代半ばから始まり、ボディー下回りを中心として広く自動車メーカーに採用されている。伸銅では、真鍮をはじめとして銅合金に使用される。耐食性、加工性、外観に優れていることから電気部品、建設部品、装飾品・工芸品等に古くから使用されている。ダイカストは、主にアルミニウムとの合金の鋳造品であり、自動車部品を中心に需要が増加している。

写真 2-3　鉛鉱石採掘現場

世界の亜鉛鉱石生産量は1137万トンである。主要鉱石生産国は、中国、ペルー、オーストラリアで半分以上を占めている。世界の埋蔵量は、4億6000万トンで、中国、アメリカ、オーストラリアに半分以上存在する。一方、亜鉛鉱石から精錬して作られる世界の亜鉛地金消費量は、2009年に1085

万トンであった。その主要消費国は、中国（43％）、米国（8％）、インド（5％）、日本（4％）、韓国（3％）。日本の亜鉛地金需要量は、現状では年間43万トン程度である。

日本は世界第2位の亜鉛精鉱輸入国であり、2009年に88万トン輸入している。主な輸入先は、オーストラリア、ペルー、米国、ボリビアである。そのうちオーストラリアから全体の35％が輸入された。日本では、豊羽鉱山（北海道）が、2005年まで亜鉛を年間4万トン程度生産していたが、資源枯渇により2006年3月に休山した。

オーストラリアは、世界で3番目の亜鉛生産国で、カナダに次いで世界2番目の輸出国である。亜鉛地金は環太平洋の国々に、亜鉛鉱石は主に日本と韓国に輸出されている。

クイーンズランド州北西部に存在するCentury（センチュリー）鉱山は、オーストラリア最大の亜鉛鉱山であり、世界最大級の亜鉛生産規模をもっている。鉛も主産物のひとつで、銀も生産されている。2009年6月に中国五鉱集団がこの鉱山を取得している。

鉛・亜鉛では、供給面と同様に需要面でも、中国がその占める割合を継続して増加させている。鉛消費では世界に占める中国の割合は、2000年の9％から2009年には45％とその占有率を急拡大してきた。亜鉛消費でも、2000年の15％から2009年には43％と増加傾向を続け、いずれも世界消費の半数に迫っている。鉛・亜鉛価格は、中国・インド等の経済成長を主要因とする世界的な需要拡大のため、2003年後半から急騰して高止まりしている。

三、ハイテクに欠かせないレアメタル

レアメタル（希少金属）は、今話題のレアアース（希土類）を含む31種類に分類される。主なレアメタルとして、レアアース（17種類）、リチウム、モリブデン、チタン、クロム、マンガン、ジルコン、コバルト、ニッケル、タングステン、カリウムなどがある。

日本は世界の25％以上を消費するレアメタル消費大国である。今後需要が急増するレアメタルに関して、資源確保が困難になったり、価格が急騰したりすると、日本の産業が大きく影響を受ける。しかしレアメタルの資源は、世界的に地域、埋蔵量が限られている。このため、原料確保については今まで民間に任せることが政府の考えであったが、急遽その政策を変更し、政府自らも原料確保のためのイニシアチブを取り始めた。その一環として、最近外務大臣や経産大臣が積極的に海外へ、レアメタルの埋蔵が確認されている南アフリカ、タンザニア、ベトナム、モンゴル、カザフスタンなどを訪問し協力を要請した。

特に流通量が少なく、希少性が高いレアメタルは、ハイテク産業の至るところで使用されている。日本が得意とする産業分野では不可欠の資源である。自動車・エレクトロニクスなどハイテク製品の小型化、軽量化、高性能化、省エネルギーにも大きく貢献し、日本における製造業の国際競争力の維持・発展に欠かせない。

最近の財務省統計によるとレアメタル素材の市場規模は3・3兆円、電子材料にすると9兆円規模で、全体約１４０兆円産業になる。１４０兆円の内訳は、パソコン22兆円、携帯電話14兆円、自動車70兆円、

液晶テレビ、デジカメ、ビデオ、ゲーム機、ＤＶＤ35兆円である。レアメタルはこれらの産業を強力に支えているのである。

レアメタルの特性としては、超伝導性、強磁性、半導体、高温耐熱、光電変換、熱伝変換、触媒特性、耐食性、放射線機能、光学特性などである。われわれの生活をより便利に、より高度にしている。つまりわれわれが日ごろ使っているほとんどの工業製品にレアメタルが使用されている。レアメタルがなければ、日本が得意とするハイテク製品が作れない。現在享受している生活はできなくなる。レアメタルが来なくなると日本の産業活動がすべてストップしかねない。

そのレアメタルの用途は大きく分けて3つある。

・構造材への添加
・電子材料・磁性材料
・機能性材料

構造材への添加

構造材に使われるレアメタルは、鉄や銅、アルミニウムなどのベースメタルに添加して合金を作ることに使われ、強度を増したり、錆びにくくしたり、またよりしなやか、より粘り強くする。鉄鋼は頑丈であるが錆びやすいというイメージがある。それでレアメタル（ニッケル、クロム、タングステン、コバルト、モリブデン、マンガンなど）を添加することによってより強く、柔軟にするとともに錆を防止する。たとえば、鉄にニッケルを添加するとより強く、より粘り強くなる。チタンを添加すると耐食性が高まり、錆びにくくなる。錆びない鉄といわれるステンレス鋼は、クロムを主にニッケルやモリブデン、マンガンなどを添加したものである。燃えやすいプラスティックにレアメタルを添加すると燃えにくくなる。

そのため、超高層ビル、巨大船舶、航空機、自動車、テレビ、パソコン、携帯電話など巨大産業からIT産業に至るまで、日常生活のあらゆるところに使われている。だから、レアメタルは産業のライフラインなのである。

電子材料・磁性材料

半導体レーザー、発光ダイオード、一次電池、二次電池（ニッケル‐水素電池）、燃料電池、永久磁石（希土類磁石）、磁気記録素子、超伝導材料などに利用される。つまり、われわれの日常生活の上で必需品である携帯電話、デジタル・カメラ、テレビ、コンピューターなどには欠かせない。

たとえば、携帯電話ひとつを取ってみても、多くのレアメタルが使われている。蓄電器（キャパシター）には、銀、チタン、鉛、ニッケル、ジルコニウム、タンタル、ほとんどの機種に標準品として内蔵されているカメラユニットには、金、銅、ニッケルが、チップ抵抗材には、ニッケル、亜鉛、銀、銅、ICには、金、銀、銅が、電池にはリチウム、銀、亜鉛、液晶パネルにはインジウムなどが使われている。毎日肌身離さず使用している携帯電話にこんなに広範囲にレアメタルが使われていることは、実感としてなかなか認識できない。しかも、オーストラリアの資源がすべてに直接に関与していることなどは知る由もない。

ほかにも、耐久ガラス、陶磁器の上薬、機械の潤滑油などにも使用されている。また今後需要が伸びる風力発電用タービンなどにも使われる。これから発展する電気自動車の電池用には不可欠である。

機能性材料

レアメタルの機能性（特質）を応用して多種の製品に利用されている。たとえば、酸化チタンが超親水性を示す作用は、ガラスの防曇加工技術としてすでに応用されている。自動車のバックミラーや道路のミラー等を酸化チタンでコーティングしておけば、水がはねついても表面で水滴とはならず、そのまま流れ落ちる。そのため雨天時の視認性が大幅に向上する。また油性の汚れがまったく定着せず、雨などで定期的にこのような水が流れることにより、表面が洗浄され、いわゆるセルフクリーニング作用をもつ。

チタン、ニッケルなどの形状記憶合金を使った締め付け具では、従来骨折で折れた骨同士を接合したり、あるいは人工歯根に歯となる部品を取り付けたりする際、金属製のボルトを使って締め付けたり、あるいはセメントと呼ばれる接着剤で固定したりする方法があった。現在は、体温に反応して所定の形状に変形するように設定した締め付け金具を取り付けることで、体内に取り付けて一定時間経過すると温まって、きちんと固定される。これにより、より早い機能回復が期待される。室温が一定以上になると作動する火災報知機やスプリンクラーはよく知られている。浴室やシャワーなどに取り付けられた温度設定機能のあるものも見られる。これらには、形状記憶合金からなる調節弁が組み込まれており、設定温度以上の湯が出ないように工夫されている。衣類などにも応用されている。形状記憶合金は金属結晶構造の10％以内の曲がり（歪み）に対して、所定の温度を加えると弾性を発揮、元の形状に戻ろうとする特質をもっている。また、カメラ、望遠鏡、顕微鏡などに使われている光学ガラス、通信用の光ファイバーや液晶などのニューガラス、外部からのエネルギーを光に変換する物質で、蛍光灯、ブラウン管、X線撮影に、ニューセラミックスと呼ばれるガスセンサーや切削工具の刃先などにも利用されている。

レアアース

レアメタルの一種であるレアアースについては、現在最大の生産、輸出国が中国である。レアアースには17種類の金属がある。主な用途としては、研磨剤、光学ガラス、磁石、カラーテレビ用蛍光体、太陽光パネル、レントゲン、自動車排ガス浄化触媒などである。その他ニッケル水素電池用ミッシュメタル（ハイブリッド自動車に使用）需要も堅調に推移している。また、近年ではミサイルやレーザーなどのハイテク戦略兵器にも使われている。日本は金属量ベースで約3万トンを輸入している。

中国が今まで世界需要の90％以上を供給し、日本需要の大部分も中国からの輸入で賄われてきた。しかし、中国における急速な経済発展に従って、自国での需要が急増し、その需要を満たすため輸出を制限し始めたのである。また、中国は資源を外交カードとして使うようになり、レアアースもその一環である。そのため日本は、代替の供給国を早急に確保しなくてはならない状況に立たされている。世界の需要はこの10年で3万トンから12万トンへと4倍増、価格は、過去1年の間にも数倍に高騰している。

レアアースの世界推定埋蔵量は、約9000万トンといわれている。主な鉱床は中国、アメリカそしてオーストラリアに存在する。そのうち30％が中国にあるが、注目すべきはオーストラリアである。まだ国際的に十分認知されていないが、オーストラリアは、レアアースについて世界最大の埋蔵量を誇るといわれている。

最近、南オーストラリア州ワイヤラで、同州の奥地（クーパーベイソンのオリンピック・ダム）で大量の埋蔵が以前から確認されているレアアースを処理、加工する施設の建設が決まった。豪州サイドによる2000億円を超す先行投資である。年間2万トンを生産し、世界のレアアース需要の10％近くを満たすといわれ、2013年から稼働する予定である。これにはすでに中国資本が16・7％入っている。西オーストラリアでは、現地企業が日本の商社双日と契約を結び、2012年から年間9000トンを双日一手に供給することになった。また、中国との共同開発事業も進行中である。

つい最近新聞紙上で、東京大学の研究班が、太平洋の深海に陸上の何百倍のレアアースが存在していることを発見し、公海上であるから国際海洋法条約に従って協議すればその利用等が決められ、日本も参加できるであろうと報道された。一躍中国依存から脱却できる期待が大きくなったとして注目を浴びている。しかし、太平洋かなたの深海に存在するこの資源を採掘、処理するための技術開発、コストなどを考慮すれば、すぐに実現できる話ではない。利用するにもこれから相当の時間と開発経費が必要になる。ならば、緊密な経済関係が長期に継続発展しているオーストラリアに存在する資源を利用する方が手っ取り早く、コスト的にも競争力があるので、このオプションを優先して構築するべきであろう。前述のごとく、すでに日本の商社、それに中国もオーストラリアに注目しアクションを取っているのである。レアアース最大の供給国である中国でさえ、今後の経済発展を考えれば自国の資源だけでその需要を満たすことができないことをすでに認識している。そのための対策を着々と進めているのである。

リチウム

最も身近な製品は、リチウム電池である。カメラや釣りの浮きなどで使用されている。ノート型パソコンなどで使用されているリチウムイオン電池は充電式電池で、別の充電式電池と比べて、軽量で、持続時間が長いのが特長である。ハイブリッド車にも二次電池（放電と充電が繰り返しできる）としてリチウムイオン電池が利用されている。さらに、これから注目され、急速に発展する電気自動車について、自動車メーカーは、ガソリンを使わない電気自動車の販売を積極的に始めようとしている。この自動車には高性能のリチウム電池が使われる。日本が世界に先駆け開発し、商品化したものである。またアルミニウムに少量のリチウムを含有させると、軽さと強さ両方を兼ね備える合金となり、航空宇宙分野にも利用されている。また、自動車、農機具、機械工具などの潤滑剤として馴染みのある「グリース」もリチウムの産物である。

それではリチウムをどこから入手するのであろうか。リチウムを商業ベースで輸出できる国は、世界広しといえど限られている。リチウムの生産は、塩湖での塩水から取得するものと、鉱山での鉱石から生産するものとに分けられる。電池などに利用される炭酸リチウムは、チリとアルゼンチンで世界の輸出量の7割近くを占める。チリは世界最大の炭酸リチウム生産国であり、アタカマ塩湖（Salar de Atacama）で生産されている。アルゼンチンではオンブレ・ムエルト塩湖（Hombre Muerto）で生産されている。どちらも塩湖での塩水から炭酸リチウムを生産している。現在日本は輸入の8割以上をチリに依存している。

写真 2-4　広大な塩湖に眠るリチウム

南米のボリビアに良質のリチウムが大量に眠っていることが確認されたが、それを商業出荷するためのインフラの整備に必要な投資は莫大である。すでに日本の商社が、触手をだし巨大な投資を考えているようだ。韓国がこのボリビアの大統領を招待、将来のリチウム確保に向け国を挙げて努力しているあとがよく見える。ボリビア大統領一行を大歓待し、高等教育を受けていない大統領には、韓国の大学の名誉博士称号を授与し、資源確保のためには、公的年金基金や政府予備費から資金を投入するとしている。日本も遅ればせながら２０１０年12月にボリビア大統領と菅首相（当時）との間でリチウム共同開発での合意をした。

オーストラリアは、鉱山の鉱石から生産する世界最大の生産国、埋蔵国である。リチウムを含む鉱石であるリチア輝石（スポジュメン）の生産が行われており、リチア輝石を生産する数少ない国のひとつで、西オーストラリア州南西部で生産および開発が集中的に行われている。炭酸リチウムの原料であるリチア輝石は、リチウムとアルミニウムを含む鉱石であり、オーストラリアが世界全体の生産量の大半を占める。オーストラリアで生産されたリチア輝石は、中国へ出荷され、中国でリチウム電池などに使用される炭酸リチウムの精製が行われており、中国のリチウム需要において重要な役割を担っている。

オーストラリアで最大、世界で2番目に大きなリチア輝石鉱山を運営するオーストラリアの会社、ギャラクシー社は中国にも進出しており、中国最大、世界で4番目の炭酸リチウム生産会社である。この会社は、すでにハイブリッド車用のリチウム電池の製造も開始し、近い将来電気自動車の製造をも視野に入れているリチウム一環製造会社である。今までのチリ依存から、オーストラリアとの戦略的な関係を構築すべきである。

ニッケル

日本においては、ニッケル鉱石の採掘は行われていないので、ニッケル資源の全量を海外に依存している。伝統的にフランス領ニューカレドニアからの輸入が大きな割合を占めていた。ニューカレドニアはニッケル埋蔵量が豊富であり、大規模プロジェクトには住友金属鉱山や三井物産が参画している。しかし近年、環境破壊問題や原住民のストライキ問題が原因で、ニューカレドニアからの輸入依存度は、減少傾向にある。今日では、インドネシア、フィリピン、オーストラリアなどが、日本の主なニッケル鉱石輸入先となっている。日本は、年間約400万トンを輸入し、その半数がこれらの国々から入っている。

ニッケル鉱石からは、フェロニッケル、ニッケル地金、ニッケル粉、硫酸ニッケル、酸化ニッケルなどが製造される。このうち、**フェロニッケル**は、ステンレス鋼の原料となる。ステンレス鋼は、美しい光沢をもち錆びにくい特性があり、スプーン・フォーク・鍋・システムキッチンなどの家庭用品や自動車、建物・住宅などの建材、車両などにも使われている。

ニッケル地金の主な用途は、合金材料である。非鉄材料、特殊鋼、電子部品、通信機用部品、耐熱部品、航空機部品、ジェットエンジンなどである。鉄にニッケルを混ぜると、強度と耐食性が高まり約2～4%のニッケルを含むニッケル鋼は、自動車のシャフト、クランク軸、歯車、バルブなど強度を要する機械部品などに利用されている。**硫酸ニッケル**は、触媒石油精製、油脂加工の反応剤、磁性材料、ラジオ、ステレオのスピーカー、ロボット、モーター、パソコン用部品、情報記録部品に、**ニッケル粉**は、エネルギー機器、ニッケル・水素電池、燃料電池、携帯電話、パソコンに、**酸化ニッケル**は、フェライト、磁気カード、窯業用着色剤などに使用されている。

ニッケルというとわれわれに馴染みがあるのが、毎日使っている硬貨であろう。ちなみに、現在日本で流通している通貨の素材に関して、日本銀行がホームページで次の通り公表している。

1円硬貨……100％アルミニウム
5円硬貨………銅60％～70％、亜鉛40％～30％
10円硬貨………銅95％、亜鉛4％～3％、錫1％～2％
50円硬貨………銅75％、ニッケル25％
100円硬貨…銅75％、ニッケル25％
500円硬貨…銅72％、亜鉛20％、ニッケル8％

つまり日本の通貨の素材は、オーストラリアということである。日本はオーストラリアから銅、亜鉛、ニッケル、アルミニウムを大量に輸入していることはすでに説明した。

ニッケル鉱石の世界の埋蔵量は、1億4000万トンと推定されている。その中でも4割近くを占めるオーストラリアが飛びぬけている。ほかに、ニューカレドニア、ロシア、キューバ、カナダ、ブラジル、南アフリカなどでも埋蔵が確認されている。

ここでも中国の輸入行動は、急速に拡大している国内需要を満たすため半端でなく、中国は一躍世界最大のニッケル鉱輸入国になっている。輸入激増の主因は、中国のステンレス鉄鋼業界の金属ニッケル需要増である。この結果、中国のニッケルメーカーは、海外ニッケル鉱の開発を加速している。アジア最大のニッケルメーカーである中国金川集団は、最近オーストラリアの鉱業メーカーとニッケル鉱の共同採掘契約を締結し、埋蔵量世界最大のオーストラリアでの資源確保に本格的に参入した。

モリブデン

モリブデンの用途に関して、鉄鋼や化学分野で重宝にされており、全体の90％が、鉄鋼・特殊鋼分野に使用されている。ここではモリブデンを少量、炭素鋼に添加すると耐温、強度、耐久性を改善する効果がある。また、モリブデン鋼をはじめ各種の特殊鋼（ステンレス鋼、構造用合金鋼、高張力鋼、合金工具鋼、鋳鍛鋼など）には合金添加成分として少量添加される。自動車、土木建築、機械、造船などのほかにパイプラインの鋼管にも使用されている。

化学分野では、触媒および薬品類や皮革の染料として用いられている。このうち触媒は、油脱硫触媒や自動車排気ガス触媒、脱硝触媒などの公害防止分野において重要な役割を果たしている。また、モリブデンの線、板、鋼が、機械加工品、組立て部品などの形態に加工され、照明用では自動車のハロゲンランプ用の線および板、さらには、半導体部品、電子管用部品、耐熱用途として電気炉や原子炉などの高温炉用発熱体および支持体、硝子溶融電極材、耐熱治具用材として産業界では重要な金属として広く用いられている。

日本は酸化モリブデン精鉱、フェロモリブデンとして輸入している。需要は年間約4・5万トンで、大半をメキシコ、カナダ、中国から輸入している。現在、豪州のモリブデンの生産量は少ないが、西オーストラリア州ではモリブデンを含む鉱脈が多く見つかっており、ここ数年前から順次開発が進んでいる。中国はすでに、オーストラリアのモリブデン鉱山の買収を含め進出を開始し、すでに第4番目の豪州モリブデンの供給元になっている。オーストラリアは、近い将来世界の主な輸出国の仲間入りをするであろう。ここでもオーストラリアに注目すべきである。

チタン

チタンは、第二次世界大戦後工業的に実用化された若い金属であるが、現代社会にはなくてはならない重要なものである。チタンは、アルミニウムより1・5倍の重さであるが、強度はアルミニウムの6倍になる。

日本はチタン原料を全量海外に依存し、主にチタン鉱石（イルミナイト鉱、ルチル鉱）の形態で輸入している。2010年におけるチタン鉱石の輸入量は、イルメナイト鉱が28万9000トンであり、輸入先国ではベトナム（50％）、オーストラリア（29％）、インド（9％）、カナダ（8％）であった。またルチル鉱の輸入量は、12万6000トンで、オーストラリア（48％）、インド（34％）、カナダ（7％）、南アフリカ（6％）の順になっている。

チタン鉱石の世界の埋蔵量は、イルメナイトが約6億8000トン、ルチルが約4200万トンと推定されている。イルメナイトの国別の埋蔵量は、中国、オーストラリア、インドで60％以上を占めている。ルチルは、オーストラリア、南アフリカ、インドで世界の80％以上を埋蔵している。オーストラリアでは、その生産、埋蔵は主に西オーストラリア州、南オーストラリア州に集中している。

日本国内では約7％が金属に、残りの90％以上が酸化チタンとして使用されている。酸化チタンの用途としては塗料が最も大きい。インキ、紙、繊維、プラスチックなどに使われている。これは他の白色顔料と比較し、純白性と大きな隠蔽力を有しているためである。また、その紫外線遮蔽性を活かし皮膚がん防止の化粧品に使用されている。

金属チタンは、鉄の約60％の重さで軽く、耐食性、耐塩性に優れ、比強度が高いことから、石油および化学工業分野の配管、塔槽類、熱交換器などの設備材、火力および原子力発電の復水器用チューブ、海水淡水化プラント、航空機材料用、ドームなどの建築材料などに使用されている。また、軽量で、肌に優しくかぶれや毒性がなく、汗にも強く、さまざまな色に変化できるので、身近なものとしてメガネ、ピアス、カフス、ブローチ、絵の具、時計バンドなどにも使用されている。さらに生体整合性が良いので、人工骨、心臓弁、心臓ペースメーカーなどもチタンの世話になっている。

チタン合金は、航空機のジェットエンジン・機体材料、自動車部品（サスペンション、バルブ、スプリングなど）、形状記憶合金として使われ、またチタン鋳造品は、バルブ、ポンプ、ゴルフヘッド、カメラなどに使用されている。海外では軍用機、戦艦、潜水艦、ミサイル、ロケットなど防衛分野での利用率が高い。このようにチタンが広範囲に利用されているということは、その並外れた強さ、軽さ、耐食性や極端な温度変化に耐えることができるからである。今後その利用率がさらに拡大するであろう。ちなみに航空機の機体およびエンジン用に、１機当たり今話題のボーイング７８７で約90〜１２０トン、Ａ３８０で約80トン、Ａ３５０では約90トンのチタン素材が必要といわれている。チタン鉱石の主たる供給国、埋蔵国がオーストラリアである。

マンガン

古くは、古代ローマ時代に色消しとして使っていた。つまり色が消えるということで、マンガンは、ギリシャ語で「魔法」という意味である。しかし、今日マンガンの用途の90％以上が、粗鋼用である。鉄鋼にマンガンを添加することにより、金属の強度、耐久性、耐摩耗、耐食性が向上する。車軸やレールの交差部分、削岩機、土木機械の部品などに使われ、また、鉄鋼精錬時に脱酸、脱硫のために使用される。日本は、マンガン全量を、マンガン鉱石、金属マンガンおよびマンガン系合金鉄（フェロマンガン、シリコマンガン）の形態で輸入している。その主たるマンガン鉱石の輸入量は、117万トンで、うち55・1％を南アフリカ、35・9％をオーストラリアから調達している。2カ国で全体の91％を占める。

オーストラリアにおいては、北部準州の、グルート・アイランドにあるGEMCO鉱山が、同国最大のマンガン鉱山である。これは、資源メジャーのBHP・ビリトンとアングロ・アメリカンの合弁事業である。この鉱山の2009年のマンガン鉱石生産量は、約230万トンであった。

マンガン鉱床は、ウクライナ、ルーマニア、ハンガリーの黒海周辺地域、ブラジル、ガボン、ガーナなどの南半球大西洋圏と、中国、南アフリカ、オーストラリア、インドなど大陸移動前のゴンドワナ大陸と呼ばれる地域に分布している。北米大陸およびその他の地域ではマンガン資源は乏しい。マンガン鉱石の世界の埋蔵量は、約4億6000万トンと推定されている。国別の埋蔵量に関して、オーストラリア、ウクライナと南アフリカの上位3カ国で90％以上を占める。

日本においては、多数のマンガン鉱山があった。主要な鉱山としては、岩手県の野田玉川鉱山、北海道の大江鉱山、上国鉱山、稲倉石鉱山、石崎鉱山、長野県の浜横川鉱山が挙げられる。1986（昭和61）年を最後にすべての生産が停止した。

コバルト

コバルトは、すでに古代エジプトやメソポタミアなどでガラスや陶器の着色剤として使われていた。ツタンカーメンの墓の中から青いガラス片がみつかっている。コバルトがごく少量入るとガラスが青色になる。「コバルトブルー」という言葉はこの辺から生まれたのであろう。今日ではコバルトの主要用途は、携帯電話やノートパソコンに使用されるリチウムイオン二次電池（リチウムイオン充電池の電極材料）である。そのほかの応用用途として、超硬合金の添加剤、ビデオテープなどの磁性剤、家電音響器具の永久磁石などで、日本の需要は、世界の25％以上である。鉱石より地金需要が急増し、日本は需要の全量である約１４００トンを、主にオーストラリアから輸入している。

オーストラリアは、世界最大のコバルト生産地域で、年間約６０００トンのコバルトを生産している。オーストラリアではコバルトは、主にニッケルの副産物として、国内のニッケル主要生産地域である南オーストラリア州から西オーストラリア州を中心に生産されている。

インジウム

現在まさに花形的な存在がインジウムである。それは、インジウムがなくては液晶パネルが働かないからである。流行の液晶テレビにはこれが不可欠である。また、これ以外にパソコン、携帯電話、デジカメなどわれわれが日常必要としている電子機器にはインジウムが必要不可欠である。また、太陽電池の電極、自動車や航空機のガラス窓の凍結防止用の導電膜として使用されている。

インジウムは単独では存在しないので、主に銅、亜鉛、鉛鉱などのベースメタルの処理過程で発生し抽出される。実は、インジウムを産出している世界最大の鉱山は、札幌市の豊羽鉱山であった。しかし、ほかの鉱山資源と同様、採算の悪化や資源枯渇を理由に２００６年に採掘を停止した。現在、中国が世界最大の生産・輸出国であり、最大消費国は日本である。日本の輸入は５００トンで、これは世界中のインジウム取引の80％を占める。中国、韓国が主な供給国である。しかし、中国での環境問題や国内需要の増大により、今後の供給がひっ迫することは目に見えている。特にインジウム輸出を制限するという中国政府の政策を受けて、インジウム価格もキロ10万円を超え、さらに上昇すると予測されている。

日本は代替資源確保のため、緊急に対策を確立しなくてはならない事態になっている。この点でインジウムの供給能力が潜在しているオーストラリアをターゲット国としてよく研究すべきである。また、インジウムの代替品の開発を進める一方、国内での資源回収策も早急に確立すべきである。さもないと国内での液晶テレビ、パソコン、携帯電話などの生産が難しくなり、国際競争に負ける局面も想定される。

タンタル

タンタルはかつてフィラメントに使われていたが、現在は真空装置の部品、コンデンサーなどの電子部品に使用されている。最もよく利用されるのは、コンデンサーである。タンタルコンデンサーは、他種のコンデンサーに比べて小型で、漏れ電流が少ない上、安定度がよいとされている。パソコンや携帯電話など、小さなエレクトロニクス製品には多数のタンタルコンデンサーが使用されている。また、人体に無害な金属であるため、人工骨や歯のインプラント材料にも使われるほか、宝飾品や高級時計に用いられることもある。特にコンデンサーの小型化においてタンタルの存在感は大きい。もし、タンタルが使えない場合、携帯電話を作るとすると今のサイズの数倍の大きさにならざるを得ない。携帯電話の急増でタンタルの需要も急増し、結果タンタルの価格も高騰している。その価格が1年で10倍にもなったというしろものである。

2008年の世界におけるタンタルの生産量は1200トンと推定されており、主な国別生産量は、オーストラリア（50％）、アフリカ（25％）である。日本ではタンタル鉱石は産出せず、タンタル原料はすべて輸入されている。日本は、世界総需要の半分を輸入し、その半分がオーストラリアから来ている。世界最大の埋蔵量は、ここでもオーストラリアである。

レアメタルは、すでに述べたように種類は多いが鉄鉱石のようなベースメタルと違い、埋蔵量が少ない非鉄金属であり、主に鉱山で採掘される。一部の国でしか生産されない資源も多い。産業上重要なものが多いので、価格も希少性を加味して、ベースメタルよりも高価なものが多い。そこで、これまでに述べたようにレアメタルの主要生産国、主要埋蔵国が、オーストラリアであることとの認識を深めたい。その認識の上に、長期安定供給を確保するための施策を早急に構築、実施せねばならない。政府レベルでの対応は、他のアジア諸国に比べて遅れている。日本は、資源安全保障政策の再構築を急がねばならない。

日本では、レアメタルのほぼ全量を他国からの輸入に頼っている。そのため、生産国での鉱山ストライキや、地震・台風などの自然災害、また鉱山事故・電力不足による鉱山操業停止など、その他の事情により供給障害が起きた際の対応のため、ニッケル、クロム、タングステン、コバルト、モリブデン、マンガン、バナジウムの7種類のレアメタルについては、1983年度から国家と民間に分けて備蓄を行っている。

日本のレアメタルの備蓄は、日本国内の基準消費量の60日分とし、国家分はそのうちの42日分を、民間では18日分を備蓄目標としており、供給障害など必要に応じて備蓄分を一般入札によって緊急放出している。国家備蓄されているレアメタルに関しては、独立行政法人である石油天然ガス・金属鉱物資源機構（JOGMEC）が茨城県で保管している。直近の課題として、この7種類以外の主なレアメタルも備蓄の対象に含める必要性があると思う。

ミネラルサンド

ミネラルサンドとは、一般に海浜、河川に堆積した重砂のことを指す。しかし鉱業の世界ではチタン資源全体を指すことが多い。

代表的なミネラルサンド鉱床は、スカンジナビア半島、カナダ、インド、オーストラリア、アメリカなどに存在する。一般にミネラルサンド鉱床には、イルメナイトが最も多く含まれ、主要なチタン原料となっており、世界のチタン原料の約90％を占めている。ルチルはTiO_2含有量が最も高いためチタン原料としては重要であるが、単独で鉱床を形成することはなく、重砂中でも含有量が少ない。特に、オーストラリア、南アフリカ、シエラレオネなどの海浜性鉱床はルチル含有量が高いとされている。

また、これらの鉱床にはジルコンが含まれることも多い。ジルコンはオーストラリアが世界一の生産国で、世界の全生産量である約１５０万トンの半分近くを生産している。日本はジルコニウム鉱石を10万トン近く輸入し、その60％以上がオーストラリアから来ている。ジルコンは、ファインセラミックス、電子材料はもとより、耐火物、ガラス原料としても重要である。ほかに、紙の表面処理、触媒、繊維加工、防水剤など、幅広い分野で利用されている。

オーストラリアは戦前からミネラルサンドの採掘が盛んであり、イルメナイト、ルチル、ジルコンのいずれも世界第1位の生産国となっている。豪州中央南部、3州にまたがるマレーベースン地域が、今後もミネラルサンド資源の一大生産地として注目を集めている。

資源超大国

オーストラリアはまさしく資源ブームを謳歌している。急激に膨らんでいるアジア地域での需要の急拡大に応えるべくオーストラリアは、２０１１~２０１２年の間に10兆円規模の資源開発のために新規投資を行う。この規模は1年前と比べても倍近くになる。これに加えて、オーストラリアの資源に海外からの投資が急増、急拡大している。オーストラリアは政治が安定し、経済成長が堅調で、無尽蔵に近い資源の埋蔵、そして巨大市場であるアジア地域にあることから、世界の企業、投資家は触手を伸ばしているのである。

特に環境に優しい天然ガスの埋蔵量は、無尽蔵で今後急速に開発が進み、この章のはじめに紹介したように、すでにアジア諸国と次々に巨額な長期契約を結び、10年以内には現在世界で最大の天然ガス輸出国、カタールに匹敵する輸出大国になると予測されている。

最近、南オーストラリアの奥地、オリンピック・ダムで操業している資源メジャーのＢＨＰ・ビリトンが、その拡張計画を発表した。２０１１年10月、連邦政府、南オーストラリア州政府が、この拡張計画を認可した。ここで生産しているのは金、ウラン、銅などで、4兆円をつぎ込む拡張計画が実施され、年間2兆円の富を新たに産出すると予測されている。ここのウラン鉱山はすでに世界最大であるが、現在の倍近く、年間1万7000トンに生産が拡張される。また、オーストラリア最大の金採掘鉱山にもなる。さらにレアアースの生産拡大も期待されている。

また、同州の中央部にあるウーメラ地域は、過去に米英豪のミサイル実験が頻繁に行われ、オーストラリアの宇宙開発の中心的な存在であるロケット発射基地がある。長い間軍事施設として外部から遮断されていた。1996年には日本の宇宙研が、日本版シャトルの離着陸実験をこのウーメラロケット基地で行った経緯がある。また、大変話題になった日本の火星探査衛星、「はやぶさ」が、7年間宇宙を飛び回った末、大気圏突入後そのカプセルが、このウーメラで回収された。日本の面積にも匹敵するこの地域と周辺に、いまだ未開発の莫大なお宝が埋蔵しているので、最近になってこの地域での資源探査、開発を認める国の意向が示された。

広大な土地を有するオーストラリアは、天然資源の宝庫であり、多種多様な鉱物資源がいまだ開発されずに眠っている。豊かな資源によりこの国が将来にわたってもラッキーカントリーである所以《ゆえん》である。しかも、安定した民主主義国家で、環太平洋圏にあり距離的にも世界の一大成長市場に近い。日本の高度成長を支えたオーストラリアの豊富な天然資源は、21世紀にも日本のみならずアジア全体、そして世界の発展に大きく寄与していくであろう。

もてる国、オーストラリアの鉱物資源について簡単におさらいをすると、一言でいうと無尽蔵である。すでに紹介したように、日本が必要と

写真2-5　広大な豪州大陸には無尽蔵の貴重な資源が開発を待っている
（豪州政府観光局）

する多くの資源を長年にわたり供給している。また、日本が今後とも必要とする資源をほとんど保有している。ボーキサイト（アルミ地金の原料）、タンタムやジルコン、ルチルなどのミネラルサンド、石炭、ウラン、銀、亜鉛、鉛などは世界最大の埋蔵量を保有し、また、金、ダイヤモンド、銅、コバルト、マンガン、ニッケル、鉄鉱石、リチウム、天然ガスなどはそれぞれ、世界最大の埋蔵国の一員である。今後とも、オーストラリアの資源大国としての役割は、いっそう重要になってくる。

なおオーストラリアは、6つの州政府と1つの準州、1つの首都特別地域で構成された連邦国家である。1901年に、それまでイギリスの植民地であった6つの独立した政府が、連邦国家を樹立した。植民地政府は州政府となり、それまでの自主独立をできるだけ広く維持した。

連邦制度を取るアメリカの州と比べると、オーストラリアの州の権限が、より広範囲でより強い。だから、今でも各州に独立したそれまでの憲法、法律が存在し、警察、医療、福祉、教育、産業、農業、都市開発などは、州政府の権限と管轄である。オーストラリアにおける資源開発や開発に関する認許可、資源管理なども州政府の管轄である。海上での開発が進んでいる天然ガスや原油に関しては、沖合3マイルまでが州政府、準州政府で、それより沖合、排他的経済区域までは連邦政府の管轄になっている。また各州、準州の法律には多くの違いがある。たとえば、探査や開発に関しての法律は各州、準州が細かく定めている。このことは、もちろん資源開発関連だけに留まるのではなく、商法、民法、訴訟法、道路交通法に至るまで州、準州間での違いが存在する。これらのことに関して、日本では認識不足である。早急に認識を高め、対応能力の向上に努めねばならない。また州政府、準州政府との人脈についても乏しいと言わざるを得ない。今後、改善しなくてはならない。

四、国民生活を守る食料資源

前章で述べたように、オーストラリアの食料資源も戦後の日本経済の発展、国民生活の向上に多大な貢献をした。このことは将来の日本にとってより重要になっていく。この項ではその辺の事情をもう少し詳しく紹介していく。

現在、日本の年間の食料消費量は、約6000万トンで、世界で生産されている食料の5％近くを消費していることになる。1人当たりに直すと、年間約500キロ、1日約1・36キロである。日本の食料自給率は、40％だから消費される食料の6割が輸入に依存していることになり、先進国では一番高い輸入依存、食料輸入大国である。家畜の食料である飼料は、純食料消費と同じくらい輸入されている。つまり年間約6000万トンを日本で飼われている牛、馬、豚、鶏などが消費しているのである。日本の食料輸入は総額約10兆円で、野菜の一部を除いてほとんどすべての食料品が輸入されている。主な輸入相手国は、アメリカ、中国、オーストラリア、カナダ、タイなどである。

すでに詳しく述べたエネルギー資源や鉱物資源だけではない。オーストラリアは、世界でも食料供給国として、その重要性が将来ますます大きくなってくる。

ちなみに2010年の日本農業の総生産額は、約8兆2000億円でその内訳は次のとおりである。

米……………1兆8000億円

野菜…………2兆1000億円

畜産………2兆5000億円
果物…………7000億円
その他(2)…1兆1000億円

しかしすでに承知置きのように自給率(カロリーベース)は、全体で40%を切っている。先進国の中で極端に自給率が低い。一方オーストラリアの農業生産額は、3兆5600億円(穀類と畜産で約3兆円)で日本の半分以下であるが、自給率は200%以上で、先進国の中でも飛びぬけて高い。それゆえ国内で生産している食料の半分以上を海外に輸出している。そのうちの20%が日本の胃袋を満たしている。日本の高度経済発展以降、日本の食生活の改善、西洋化にともなってオーストラリアからの食料輸入は増加し、今日では輸入食料の15%にもなっている。この依存度は、日豪自由貿易協定やTPPの進行状況によってはさらに増すであろう。エネルギー・鉱山資源が、日本経済の戦後復興、再建、高度成長に重要な役割を果たし、今後もより重要になるように、オーストラリアの食料資源はこれからも日本の国民生活に欠かせない。

食料の確保が、最重要政策であることはもちろんであるが、食料は人間の健康、生命に直接関与するので、安全で安心なものでなくてはならない。昨今食の安全が問題視されている。輸入食料には落とし穴があることが指摘されて久しい。実際水際での食品安全検査において残留農薬、発がん性物質、添加剤、防カビ剤など日本の食品安全基準を満たさないケースが多く摘発されている。その多くが、アメリカのトウモロコシやかんきつ類、中国の水産物、野菜、食品加工品などで問題が露見し、大きな社会問題になっている。

中国食品の違反は、残留農薬、食品添加物や微生物汚染が多いが、米国からのトウモロコシに含まれている強烈な発がん物質であるアフラトキシンが原因で、過去に大量の積み荷が送り返されたこともある。米国、エクアドル、ガーナ、フィリピンなどアフラトキシンによる違反が多い。気を付けなければならないのは中国産だけではない。ちなみに、農水省が公表した２００７（平成19）年度の違反国、違反件数は、中国の３７６件で最も多く、次いでベトナムの１３８件、アメリカの１１７件、タイの１１３件、エクアドルの54件の順となっている。アメリカの件数が多いのに驚かれるであろう。日本向けの食料五大供給国は、アメリカ、カナダ、中国、オーストラリア、タイである。この中で、オーストラリアの違反件数は、他国と比較して極端に少ない。オーストラリアは、輸入食料において日本の食品安全基準を遵守している優等生的な存在である。

汚染のない空気・土壌・水は、食料の安全供給基地として欠かせない要件である。ほかの大陸から遠く離れた地理的ポジションは、検疫管理上の優位点で、鳥類・昆虫などによるウイルス媒介のリスクを回避できる。さらに食品などの国内持ち込みは厳しくチェックされ、水際での検疫体制にも余念がない。オーストラリアは自国生産の農産物および食品の50％以上を輸出している輸出立国であり、基幹産業のひとつが食品である以上、安全性の確保に取り組むのは当然の責務と考えている。国際基準に基づく食品の安全規制や施策の実施・業界団体のＰＲなどによって、オーストラリアの「クリーン＆グリーン」というイメージは世界でも認知されてきた。

加工食品、特に食肉加工品を中心に、ＨＡＣＣＰ方式（危害分析 Hazard Analysis と重要管理点 Critical Control Point の２つの考え方で成り立つ高度な食品の衛生管理方式）やＩＳＯ方式を導入し、製品の品質管理を義務付けている。ＨＡＣＣＰ方式は、１９６０年代アメリカ航空宇宙局で、医師のいない宇宙での宇宙飛行士が食中毒を起こさないよう、宇宙食の安全性を保証するシステムとして開発されたものである。それまでは、でき上がった製品から一定数を抜き取り検査し、結果がわかってから出荷するという方法であった。これに対してＨＡＣＣＰは、安全性を各工程の途中で厳しくチェックし、問題のある製品は市場に出さないというシステムである。これによってより高い食品の安全性が得られる。国際的にも合意されているシステムである。ただ、費用、人材、知識の問題で日本では完全に導入されていない。オーストラリアでは、食品の安全性を保証する民間の品質保証制度も導入されている。

オーストラリアは安心・安全な食品として輸出戦略を展開し、遺伝子組換え作物の作付けが多くを占めるカナダやアメリカとは対照的に、食用作物は非遺伝子組換えに限ってきた。一例として、オーストラリア産の非遺伝子組換え菜種、キャノーラ油は、日本やＥＵでは高値で取り引きされている。

安心、安全の食料といえばクリーン・グリーンのイメージが定着しているオーストラリア産であろう。だからこれからも日本の胃袋を支える信頼できる国である。その役割が今後さらに重要になってくる。この後すぐに個別の食料についてオーストラリアがどれだけ日本の国民生活に寄与しているか解説するが、すでに述べたように今後のＴＰＰ、日豪自由貿易協定締結交渉の進捗状況によっては、オーストラリアの貢献度は、さらに高まることが必至であることも強調しておく。

穀物

輸入食料のトップバッターは穀物である。穀物の輸入量は、全輸入食料の60％で、国産も含め日本で消費されているすべての食料の35％に及んでいる。また日本は、米を除いて必要とされる穀物需要のほとんどを輸入で賄っている。輸入穀物は、製粉用、搾油用、飼料用などに使用されている。製粉用は小麦、搾油用は大豆、菜種、飼料用はコーン（トウモロコシ）、ソーガムが主である。

仮にこれらの穀物が日本に入ってこなくなればパン、麺類、菓子、味噌、醤油、菜種油などの原料がなくなり、豊かな日本の食生活は成立しなくなる。また、家畜の飼育に甚大な影響を及ぼし、食肉を食料としている生活も破綻する。もちろんこれは仮定のはなしで、現実問題としては起きる可能性は低いかもしれない。しかし、食料確保のため確固として戦略をもち、そのための努力は常時、継続して実行しなくてはならない。また安心、安全な食料が長期に、競争力ある価格で確保されなくてはならない。最近よく使用される想定外という口実、弁明は許されない。

米

米は、日本で自給できる数少ない食料である。年間９００万トン前後消費される。その消費量は、毎年減少傾向にある。食事の洋風化が進展するに従って、米食が減少するという背景がある。過剰生産のため減反政策がとられ、需要に見合う生産を行うよう指導されているが、個別所得補償制度の導入など政府の農業保護政策により、生産過剰の傾向はこのところ継続している。

ＧＡＴＴを中心に進められている農産物の自由化は世界の流れで、日本も今まで多くの農産物の自由化を達成してきた。しかし、穀物、畜産、酪農製品などの多くは依然として保護政策の下、完全には自由化されていない。そのような中、米は10年前にウルグアイ・ラウンドでの協議、合意に基づいて、毎年ある一定の量を輸入することになった。つまりミニマム・アクセスで、年間需要の１割程度を輸入する義務を負っている。

現在の輸入対象国は、アメリカ、タイ、オーストラリア、中国などである。この結果、オーストラリアからも約30万トンのオーストラリア米が輸入されている。オーストラリアの米は、日本で食べるジャポニカ種で、タイなどで作られている細米ではない。気象条件により毎年の収穫数量に変動があるが、現在主にニューサウスウェールズ州中央部のリートン地域で水稲栽培されており、年間約１００万トンを生産し、ほとんど輸出している。もともと、日本人が１００年以上前にジャポニカ種を持ち込み、米作を始めたのがオーストラリア産米のはじまりであるので、馴染みのある食べやすい米である。

その日本人というのは、愛媛県松山市出身の高須賀穣という人で、今から約１００年前に妻と娘を連れてオーストラリアに移住、メルボルンに居を構え、貿易や日本語学校を営んでいた。しばらくして米作に挑戦した。幾度となく失敗したが、試行錯誤の末１９１４年頃には米の商業生産に成功したという記録が残っている。この米作の成功により、その後多くの人が米の栽培に着手、今日のオーストラリア米作の基礎を築いた。とにかく日本で作るのと比べて極端に安く生産できるので、日豪自由貿易、ＧＡＴＴの交渉いかんでは今後輸入が増える可能性がある。

小麦

小麦はほとんど輸入である。年間の国内需要は、菓子、麺、パン用に1000万トンを超える。この需要を満たすためにアメリカ、カナダ、オーストラリアの3カ国から輸入されている。小麦の輸入は基本的に自由化されているが、政府の管理下に置かれており、入札により政府が買い上げ、業界に売り下げるシステムである。小麦の国内生産量は、年間60万トンにも満たない。それでも小麦農家を保護するために政府は輸入品に高い関税をかけ、さらに調整金を課している。このため、輸入された時点での価格が、ユーザーには3倍以上の値段で売り渡されることになる。このため、海外での小麦粉と比較して、日本では大変な割高になっている。オーストラリアと比較しても、日本の小売価格は3～5倍である。

写真2-6　大型ハーベスターによる小麦の収穫風景

小麦は約70%がでんぷんで、たんぱく質が少ないもので5～6%、多いもので18%くらい含んでいる。日本で製粉された小麦粉は、一般的にたんぱく質の含有量で分類さている。たんぱく質を多く含んだ粒の固い硬質小麦から加工される「強力粉」、たんぱく質が中くらいの間質小麦から加工される「中力粉」、たんぱく質の少ない軟質小麦から作られる「薄力粉」に分類されている。パン、ケーキなどに使われる強力粉や薄力粉は、主としてアメリカ、カナダから輸入された小麦が使われる。伸びがよく、粒子が細かいうどん、ソーメンなどの麺類には中力粉が最適で、オーストラリアから輸入された小麦がもっぱら利用されている。だから、うどん屋で使われているうどん、スーパーなどで販売されているソーメン、ラーメン、讃岐うどんなどの麺類はほとんどオーストラリア小麦が原料である。その他、オーストラリア小麦は、家畜の飼料としても大量に使われている。

大麦

国内需要量は、麦茶、ビール、飼料用を含め約230万トンである。そのうち10%程度が国内で栽培、生産されている。残りは輸入に依存している。大麦（裸麦を含む）の輸入は、オーストラリア、アメリカ、カナダの3カ国からの供給量が大部分を占める。2006（平成18）年の輸入量は、オーストラリア83万トン、カナダ34万トン、アメリカ16万トンとなっている。

飼料用大麦の輸入量は、配合飼料原料として使用されるものも含め約110万トンで、輸入の70%がオーストラリア産である。飼料用大麦の流通に当たっては、変形加工することが国から義務付けられているため、単体用・配合用に加工している。単体用については、その大半が皮つき圧ぺんで、特に肉用牛を主体に使用されている。飼料用大麦については、政府操作飼料として政府が買入・保管・売り渡しを一元的に管理していたが、2007（平成19）年度以降は、輸入方式が「飼料用輸入麦の特別売買契約」SBS入札方式に変更されたが、政府が関与する「政府操作飼料」としての位置付けは変わっていない。

前章で紹介したように日本はまた、大量の麦芽（モルト）を輸入している。年間50万トン前後で、主にオーストラリア、イギリス、カナダから輸入している。コンテナの数で約3万6000本（20フィート換算）になる。普通の大型コンテナ船（2~3万トン）は、1船当たり1200個のコンテナを搭載しているので、年間約30隻分の麦芽を輸入していることになる。ビールの原料はモルトで、日本で製造されているビールの3分の1はオーストラリアの麦芽で作られているということになる。

麦芽とは、大麦を洗浄し、水を吸収させ、発芽・乾燥させたもの。大麦にはアミラーゼが多く含まれ、発芽によって酵素としての働きが活性化し、でんぷんを糖分に変える働きをする。ほかにも、プロテアーゼやその他多くの酵素・各種無機質・ビタミン類が含まれ、麦芽は、ビール・ウイスキーなどの酒類のほかに、パン用イースト、医薬用ジアスターゼ製造の主原料となる。また、さまざまな食品・医薬品の原料として健康な暮らしをバックアップし、国民の豊かな生活づくりに貢献している。

畜産物

畜産物に関しては、戦後特に高度成長時期以降食の多様化、西洋化にともなって、従来蛋白源として常食にしていた魚類の消費が減少し、その代わりに食肉の消費が増加した。牛肉を主体に、豚肉、鶏肉の消費が日常化し、現在日本人によるこれら食肉の消費量は、年間1人当たり46キロになっている。オーストラリアでは1人当たり、120キロ以上を消費しているので、日本でも今後まだ増加する可能性は残っている。

牛肉

食肉を代表する牛肉の輸入に関しては、1964年にそれまでの外貨割当から数量割当制度に変更された。毎年輸入枠数量は増加し、1990年には約40万トンになった。そして、1991（平成3）年度からは輸入枠を撤廃して輸入を自由化した。それまでの輸入税25％を70％に設定、その後１９９３年度まで50％に段階的に引き下げられた。このような中、１９９３（平成５）年12月には、１９８６（昭和61）年にウルグアイで開始されたウルグアイ・ラウンドが、７年あまりに及ぶ困難な交渉の結果合意に達した。その合意に従って牛肉については、関税率を１９９３年度において適用されていた50％から２０００年度までに38・５％まで段階的に引き下げることになった。一方、生鮮および冷蔵牛肉、冷凍牛肉に関しては、前年度の輸入数量の１１７％に相当する四半期ごとに定められる発動基準数量を年度当初からの累計輸入量が上回った場合、関税率を50％に引き上げる関税の緊急措置を導入した。（関税暫定措置法第七条の五）。牛肉は現在自由に輸入できるが、現在でも関税が38・５％と高止まりしている。

輸入牛肉についてはＢＳＥ問題でアメリカ産の輸入規制が続いている間、オーストラリア産牛肉の独壇場である。日本は、年間の供給量（約85万トン）を満たすためにはその半分以上を輸入しなければならない。その大半がオーストラリアから来ている。２０１０（平成22）年の輸入量は、51万１０００トンで、そのうち70％にあたる35万トンが、オーストラリアから輸入された。また、牛肉加工品の原料もオーストラリアが主で、特にハンバーグの牛肉原料は、ほとんどオーストラリア産であることはすでに述べた。福島原発の放射能問題で東北地方での和牛の肉に国の基準を超える放射性元素が検出され、出荷制限や自主制限などが実施された。この結果、国産の牛肉の消費が落ちて、その分安全・安心なオーストラリア産牛肉が買われた。

今日ではオージービーフの知名度が浸透しているが、簡単にその歴史を振り返る。オーストラリアからの牛肉の輸入は、放牧されていた牛の肉で、冷凍で輸入され日本では一般的に加工用に使用されていた。しかし、1970年代にはいると、日本の一般需要に応えるため牛のフィードロット（大規模穀物肥育）が始まった。放牧で赤肉を常食としていたオーストラリアではそれまでにはまったくなかった考え方である。もちろんオーストラリアでは技術、ノウハウがなかったのでアメリカからそれを導入した。牛の取り扱いではその専門家である地元総合商社エルダーズ、穀物に関しては国際穀物商社のドレイファス、フィードロット技術はアメリカのファット・シティーによる3社の合弁事業としてスタートした。

それまで荒野に放牧されていた牛を、子牛の状態から大規模な囲いの中に入れ、穀物を主体とした飼料を長期間与えることにより、軟らかくて、霜降りのある肉を作り上げ、肉色や脂肪の色も良くして、日本市場のニーズに応えるためである。最初は問題、苦労の連続であった。オーストラリアのクイーンズランド州ツウンバで穀物肥育された牛肉が、日本の市場である程度受け入れるようになるのに約10年を要した。その間、1974年日本による牛肉輸入禁止という事態にも遭遇し、日本向けに生産された肉は不良在庫となって、この合弁事業を圧迫した。

日本では和牛、乳牛などに長期間濃厚飼料を与えて、霜降り度合いの高い牛肉を生産している。オーストラリアでは従来ステーキに放牧されていた牛の赤肉を使っていたが、短期間、たとえば30～60日の穀物肥育で肉に少し脂肪のサシが入るステーキも食べるようになった。それまでの赤みのものより、軟らかく旨いという評判である。日本に出荷される牛肉は、需要によって100～120日間、さらには200～300日にわたり穀物肥育されている。

しかし和牛と違って、ヨーロッパ品種（ヘレフォード種、アンガス種、ショートホーン種など）に穀物を長期間与えれば与えるほど霜降りができるというわけではない。やはり遺伝的な影響があり、日本の和牛のようにはいかない。あまり穀物を与えると今度は脂肪が肉筋でなく、肉の周りに付きすぎ無駄になる。満足いくようになるまで試行錯誤、研究、実験、改善など並々ならない努力が必要であった。和牛の輸出は法律で禁止されている。しかし例外として過去2度にわたり、1976年に3頭のオス、1993年に200頭のメスと15頭のオスがアメリカに輸出されている。アメリカではこの輸入された和牛と現地のアンガス種などと交配させアメリカ和牛を生産した。オーストラリアは、優秀な和牛の精液を輸入し、地元の牛（アンガス種を主体に）と交配させ霜降りが良くできるように研究を重ね、実績をあげている。純粋の和牛率は50％であるが、これを75％に、そして最終的には100％純粋の黒毛和種生産を目指している。また、和牛の妊娠牛を輸入し、現地で出産させ肥育をしたりしている。和牛の冷凍精液や受精卵は、1991年以降オーストラリアでも入手できるようになった。ここでできた肉は、和牛の特徴、霜降りのある牛肉であるが、日本に出荷されても小売店舗では和牛表示ができない。また豪州和牛なる表示もできない。農水省は、日本で生まれ、日本で肥育されたものに関してのみ和牛表示を認めているからである。

しかしながら、日本以外の国に輸出する場合は問題ない。すでに、オーストラリアで生産された和牛の牛肉は、アメリカをはじめアジア各国に輸出され、特にホテル、レストランでは大変好評である。オーストラリアから和牛の肉が積極的に輸出され始めたのは、21世紀になってからであるが、オーストラリア国内のみならず世界の市場で和牛の霜降り牛の需要が確実に増えている。これは本場日本発でなく、オーストラリア発であることに注目すべきである。オーストラリアの畜産農家にとって、霜降り度の高い、肉質の良い和牛は、人気が高い。創出される付加価値が大変魅力である。今後オーストラリアでの和牛生産が急速に発展するであろう。すでに、オーストラリアでは300以上の和牛種畜農家があり、和牛協会が組織され、日本と同じように和牛の登録事業がスタートしている。和牛生産に適した気候、環境、大変安い生産コストは、日本の和牛生産農家にとって大きな脅威になってくるだろう。

日本の和牛のもとは、アジア大陸から稲作と同じ時期に持ち込まれたといわれている。今日和牛には黒毛和種、褐毛和種、日本短角種、無角和種の4種類がある。このほかにヨーロッパから持ち込まれた乳牛がいる。乳牛はほとんどホルスタイン種であるが、ほかにジャージー種なども飼育されている。この中で遺伝的に一番霜降り（サシ）が入るのが黒毛和種である。日本では、和牛と乳牛の交配牛や、乳牛のオスも去勢され肥育されているが、肉の評価は本来の和牛と比べると相当落ちる。日本では神戸牛、松坂牛などとして知られている和牛の長期穀物肥育が一般的で、日本の肥育農家は、数頭を300日以上手塩にかけて肥育するのが伝統的であるが、中小規模のフィードロット方式で肥育をしているケースも多くある。

日本では歩留まりと肉質の両面から肉の等級を表す。歩留まりはA～Eまでの5段階、肉質に関しては5～1までの5段階で表示されている。肉質に関してはサシの入り具合のみならず、肉の締まり、肉の色沢、脂肪の色沢なども含まれている。ちなみに神戸牛や松坂牛の場合は、歩留まりA、肉質4～5で評価としても最高で、その枝肉にA5あるいはA4というスタンプが押される。しゃぶしゃぶ、すき焼き、高級ステーキに使用されている。オーストラリアで長期肥育された従来品種の牛肉は、C2、C3止まりの評価である。

大きいフィードロットでは年間2万5000～3万頭を処理する。オーストラリアで初めて穀物肥育でできた牛肉を輸出し始めてから、約35年が経過する。今日では冷蔵肉としてオーストラリアの穀物肥育

（グレンフェッド）の牛肉がすっかり定着した。その間、フィードロットや屠場の買収、合弁事業など日本からの投資も増え、商社のみならず、ハム・ソーセージメーカー、スーパー・マーケットなどによる直接進出も珍しくない。

その一例として、オーストラリア大陸の南にタスマニア島がある。面積は北海道を一回り小さくした島で、世界でも自然環境が大変良いところである。雨水がそのまま飲めるほど空気もきれい、日照時間も日本と比べ長い。冬の寒い時でも5度より下がらない。夏は25度程度で快適。雨量は日本の東京都とそんなに変わらない。畜産酪農業に最適である。この自然環境に目を付け、現地で事業展開しているのが、イオングループである。島の北東部に位置する約６００万坪の広大な平原にイオン直営の牧場がある。常時１万頭以上の牛を肥育している。餌はクリーンな島内で生産された大麦、小麦、ジャガイモ、それに牧草を与えている。冷涼な気候や豊かで広大な自然の中で、牧草を十分に食べて育つため病気は少なく、元気に牛が成長する。日本やアメリカでは一般的だが、成長ホルモンや抗生物質は使用していない。また、遺伝子交換による餌も使用していない。また、ＢＳＥの原因になった肉骨粉は食べさせていない。イオングループの店舗ではタスマニアビーフとして販売されている。また、イオン系列の惣菜・弁当屋でもこのビーフを原料にハンバーグ弁当を売っているところがある。

安心、安全なオージービーフを届けるため食肉業者は、オーストラリア標準規格ならびに輸出統制諸規定をすべて満たすことが求められている。すなわち左記の基本的用件の基準（細かく規定されている。ここでは省略）が満たされなくてはならない。

・肥育牛調達に関する基準（罹病歴チェック、トレーサビリティ確保、薬品残留検査）

・処理場施設ならびに設備・使用器具などに関する基準
・処理場における個体取り扱いに関する基準（動物福祉、衛生・健康管理）
・衛生管理基準に対応した処理手順を含む衛生的生産に関する基準
・微生物検査ならびに薬品残留検査プログラム・製品の品質保証基準

これら要件の充足度は、地域を所管するＡＱＩＳ（動物検疫検査機関）テクニカル・マネージャーによって査定され、承認された場合には、ＡＱＩＳキャンベラ本部の認定に推薦されるはこびとなる（この査定作業に現場での実地検証および生産テストが含まれる）。認定されて晴れて輸出業者としての資格を取得するのである。コンプライアンス・調査機関からの然るべき人物が、公平を期すために査定に立ち会う。食肉業者は、ＡＵＳ―ＭＥＡＴ（オーストラリア食肉畜産基準統一局）への登録を義務付けられ、輸出管理法に準拠した操業が求められる。

たとえば、ＢＳＥ（狂牛病）予防への取組みとして、オーストラリアは、ニュージーランド以外の国からＢＳＥの主たる原因といわれる肉骨粉の輸入を禁止した最初の国である。１９６６年の禁輸措置以来、多くの品質保証や安全管理システムを開発し、世界で最も安全な牛肉供給国としての地位を保持、２００４年にヨーロッパ食品安全機構からＢＳＥ発生リスク最小国として認証された。また、２００６年に国際獣疫事務局（ＯＩＥ）よりＢＳＥのない国として認証された。オーストラリアはＢＳＥとＦＭＤ（口蹄疫）回避を最も高次元で達成している国家として認められた。なぜＢＳＥ（狂牛病）が危険なのかは、もちろん人間の健康に悪い影響を及ぼすからである。ＢＳＥの原因物質は、牛の脳、脊髄などに蓄積される異常プリオンと呼ばれるたんぱく質の一種で、これを人間が食べると変質型のヤコブ病に冒される危険性がある。ヨーロッパではこの病気で死者が多く出ている。現代医学で難病のひとつである。また、日本でも２０１０年宮崎県で口蹄疫が発生、一時宮崎県が非常事態宣言を発令し、同県の畜産業に多大な影響を与えたことは記憶に新しい。家畜の伝染病対策には万全の体制が必要である。

ほかの畜産物に関しては、日本以外に馬肉を食べる習慣があるのは、ヨーロッパ、特にフランス、ドイツ、イタリアなどである。日本にはアルゼンチン、カナダなどから冷凍で輸入され、ハム、ソーセージやコーンビーフなどの原料に使用される。オーストラリアからは冷蔵肉として年間４０００トンほど輸入され、居酒屋、レストランなどで馬刺しとして消費されている。

メジャーではないが羊の肉、マトンがオーストラリアから５０００トンほど輸入されている。オーストラリアは世界一の羊毛の生産国。毛を刈ったあとの羊は、生体で毎年４００万頭前後中近東に輸出されている。ピーク時（１９７０〜１９８０年）には８００万頭も輸出されていた。中近東では重要な食料資源であり、イスラムの儀式にのっとりマトンを消費する。日本に輸入されるマトンは、主にソーセージの原料として利用されている。そのほかに精肉としてラムが、主に北海道でのジンギスカン料理に使われる。年間オーストラリアとニュージーランドから3万トン前後輸入されている。オーストラリアでは食肉消費の半分が、羊肉（ラム、マトン）であるが、日本ではまだ普及していない。安価で、健康的な肉として今後の振興策いかんでは国内の需要が増える可能性がある。

また珍しいところで、ほとんどの人が知らないことであろうが、オーストラリアからは生きた牛が定期的に輸入されている。

オーストラリアから、日本の牛の肥育農家のために安くて、事故率が少なく、飼料効率の非常に良い素牛が、年間2万頭近く輸入されている。ヨーロッパ種の黒毛のアンガス、茶と白のまだらのヘレフォード種、グレー色のショートホーン、マリーグレイ種などである。1970年初頭オーストラリアの総合商社であるエルダーズ社が事業化した。生体重300キロ前後の子牛が専用船やジャンボ機を使って輸入され、3週間の動物検疫を経て、農家で肥育された後市場に出回る。専用船で1000～1500頭、ジャンボ機で350頭ほど運べる。豪州を出る時には1頭5～6万円のものが農家に15～16万円で販売されている。農家で300日前後肥育され、生体重650キロぐらいに育て出荷される。和牛や乳牛だと穀物飼料で肥育しても毎日の増体量（デイリー・ゲイン）は1キロにも及ばないが、外国産牛だと同じ量のえさを与えても倍近く増体する。つまり子牛から成牛まで半分の月日で仕上げられるので、高い飼料代が大幅に削減できる特典がある。この事業には無税枠が設定されていて、無税で輸入された300キロ以下の子牛は、基本的に日本の生産者団体、全農、全酪連、全畜連、全開連を通じてその組合員である畜産農家に供給されている。

この輸入が始まった背景には、1970年当時、牛肉の国内需要が急激に増加し、国内のメス牛まで食肉に供した結果、日本の牛の数が将来激減し、そのままでは日本の畜産業が壊滅する危険性があったからである。また、牛肉需要に即対応するため、600キロ以上の屠場《とじょう》直行牛もコンテナ船で輸入された。日本で肥育されている牛と違って、広大な牧

写真2-7　横浜港で家畜専用船からタラップで艀に荷揚げされたオーストラリア肉牛の子牛

場で放牧されて自分で牧草を食べ、飛び回っている牛であるので大変元気で獰猛である。輸入当初、日本の乙仲（港湾）業者は、このような元気のある外国産牛の取り扱いに慣れていなかった。港で船から牛をトラックに降ろす作業中にその一頭がタラップから地上に飛び降り、港を駆け回り捕り物騒ぎになったことがある。またジャンボ機から牛を下ろしている最中に同じように1頭の牛がタラップを飛び越え、空港を走り回ったこともあった。このため空港が数時間閉鎖された。これらの事件では当局から厳しいお目玉をいただいた。

日本の動物検疫所は、沖縄から北海道まで、主たる港、空港の近くに全国で17カ所ほどあり、常時この牛の検疫で満杯である。検疫制限により、年間の輸入頭数は2万頭前後であるが、検疫施設を増設するか、洋上検疫を含め輸入検疫期間を短縮することによってもっと多くの素牛を輸入できる。最近では従来のヨーロッパ種に加え、牛肉の項で触れたオーストラリアで生産された和牛との交配牛も肥育素牛として生体で輸入されている。

水産物

日本が輸入している食料のうちで最も多いのが水産物である。食料輸入の約20％を占め、100カ国以上の国から輸入している。また日本は、世界の中でも水産物の輸入が飛びぬけて多い。輸入水産物の1位はエビ、続いてマグロ、かつお、ウナギ、サケ・マス、かにの順である。現在大都市のスーパーや魚屋で販売されている高級生鮮魚貝類の8割が輸入品といわれている。

2010年の日本の水産物輸入量は、272万トン（前年比5・7％増）で、輸入金額は、1兆370

0億円であった。主な輸入先は、中国、アメリカ、チリ、タイ、ロシア、オーストラリアなどである。

エビ

日本の年間消費量は20万トンで、ほとんどすべてを輸入している。輸入金額は2000億円。1970年頃まではメキシコ、インド、オーストラリアなどで獲れた天然物が主流であったが、養殖技術が発展して養殖されたものが主になっている。価格、品質、供給面において天然物より競争力がある。

主な輸入先は、ベトナム、インド、タイ、インドネシア、中国などで、オーストラリアからも、タイガー、ホワイト、キング、バナナなど天然物と養殖車エビが輸入されている。エビの養殖は、1970年代から台湾で積極的に行われ、その後、タイ、フィリピン、インドネシアなどに広がった。しかし、養殖はタンク、生簀などで集約的に行われるので、菌の繁殖を防止したり、成長を助長したりするため抗生物質、成長ホルモンなどの薬品が多く使われる。また、狭い場所に大量の濃厚、配合飼料が使われるので、病気が発生しやすい。このため台湾ではもはや養殖できる環境ではなくなった。東南アジアでも同じような問題が生じている。

オーストラリアは、養殖に適した広大な空間があり、環境がよく、病気の発生がより少なく、生産コストが世界的にも競争できる環境をもっている。エビの輸入に関しては、昔から冷凍が主であったが、今日では活きエビとして輸入されるケースが多くなった。現在、クイーンズランド州で養殖された車エビは、活きエビとして空輸され、築地市場に定期的に出荷され、日本の高級料理店に登場している。

マグロ

2番目に多い輸入水産物は、マグロである。マグロには本（くろ）マグロ、ミナミマグロ（インドマグロ）、キハダマグロ、ビンナガマグロ、メバチマグロなどの種類がある。マグロの消費は、刺身と缶詰で、日本ではほとんど刺身用である。日本人は、世界でも一番多くマグロを食べており、年間の消費量は約80万トンである。このうち65％程度を輸入している。最高級の本マグロは、全消費量の4％程度で、半分を輸入し、次に高級なミナミマグロは、約1％でほとんどオーストラリアから冷凍、生鮮、冷蔵で輸入されている。本マグロ、ミナミマグロは、一般の家庭では高価なのでなかなか手が出せない。スーパーや回転寿司でよく見かけるのは、低価格のキハダマグロやメバチマグロの解凍ものが多い。

ミナミマグロの漁場は、オーストラリア南部沿岸のオーストラリア・バイト海沖およそ２００キロの海域で、ミナミマグロがジャワ海から回遊してくる毎年12〜3月の間に漁獲が行われる。ミナミマグロがこの海域に来るまでにはおよそ５０００キロに及ぶ長距離を泳いできており、したがって捕獲されるのはこの長い旅に耐え抜いた健康なマグロだけということになる。南オーストラリアのオーストラリア・バイト海沿岸には人口の密集した大都市はなく、世界でも最もきれいな海域とされている。良港をもつポート・リンカーンは、人口2万人そこそこの町、伝統的に漁業が盛んである。加えて入植当時から近隣で作られている穀物、特に小麦の出荷でも重要な役割を果たしている。港には今も巨大な穀物サイロが立ち並んでいる。

ポート・リンカーンは海がきれいなこと、漁場に近いこと、荒天の影響を受けにくいこと、ミナミマグロの餌となるピルチャード（マイワシ）が豊富に捕れることや、またポート・リンカーンは、オーストラリアのマグロ漁業の中心地で、毎年与えられる漁獲枠の半分以上を保有する漁協が存在していることから、この地にミナミマグロの畜養基地が発展した。15～25キロのマグロを湾内に設けられた直径40～50メートルの生簀に入れ4～6カ月畜養する。今まで4～6カ月の畜養で仕上がった魚の出荷が、3～9月に限られていたが、長期の畜養が可能になり出荷が1年中できることになった。このことにより市場の需要によりよく応えられ、かつ商品価値も増加する。ポート・リンカーンの畜養マグロは、飛行機で築地市場に運ばれており、大変良い評価を得ている。筆者もポート・リンカーンで何度かこのマグロのトロ刺を食べたが、なんともいえない旨さ、口の中でとろける絶品であった。年間8000トン前後が、刺身用に日本に輸出されている。最近ではスペインやメキシコでもマグロの畜養が始まっており、競争相手が出現したということになる。

ウナギ

ウナギの種類は世界で19種類ほどが知られている。従来日本で蒲焼用に使われていたのはジャポニカ種、いわゆる日本ウナギであったが、今日の輸入品の多くはヨーロッパ産のアンギュラ種である。国内ではほとんど捕れなくなった。国内の需要は年間16万トン程度で、そのほとんどを輸入に頼っている。ウナギの輸入は、1968年に台湾からの活ウナギで始まり、1975年には現地で蒲焼や白焼きに加工されて輸入されるようになった。1980年代になると加工鰻の輸入が急増し、1990年代にはいると中国の加工鰻の輸入が増加し、現在では中国産が主流である。1995年における日本のウナギの生産量は、天然物900トン、養殖物3万トンで輸入ウナギは5万トンであった。2010年の輸入統計によると、活ウナギの輸入量は1万3500トンで中国と台湾が半々であった。加工ウナギに関してはほとんど中国産で輸入量は、約2万2000トンであった。

すでに述べたように日本ではウナギの稚魚を確保することは難しい。今日では、養鰻業の本場であった浜松の養鰻場も閑古鳥が鳴いている。アジアの国でも資源が枯渇し始め、稚魚の確保に問題が出ている。日本の店頭に並ぶ輸入ウナギはアジア、特に中国で蓄養され、加工されたものがほとんどである。現地で蒲焼までやっているのが現状である。アジアでのシラスの確保も難しい状況下、ヨーロッパ産の稚魚を確保するようになっているが、これは通常のジャポニカ種ではない。アンギュラ種であるが味、油の乗りなどジャポニカ種と比べてもそんなに遜色がない。しかしヨーロッパでも資源保護のため漁獲制限が現実問題になっている。稚魚の輸出規制が実施されている。

そこで注目すべきはオーストラリアである。オーストラリアには主に5種類のウナギが生息している。その中のアンギュラ種、オーストラリス種を肥育し、現地で蒲焼まで加工するチャンスが大きい。現地の投資家が、1990年代からビクトリア州やクイーンズランド州で小規模ながら養鰻事業をやっており、100トン強を中国向けに輸出している。また天然の成鰻を約400トン捕獲し、ヨーロッパやアジア諸国に輸出している。アジア向けは、中国で蒲焼にされて日本に輸出されている。

アワビ

日本ではアワビは高級食材として重宝がられている。日本での漁獲量は、この10年間ほとんど2000トン前後で推移している。輸入は年間1000トン前後が、オーストラリアを主体に、韓国からも入っている。

オーストラリアでは、南オーストラリア州のきれいな海域を利用して、１９８０年代後半からアワビの養殖事業が行われている。卵から育てて、数百グラムに成長するまで4〜5年が必要である。息の長い事業であるが、養殖されたアワビは、アジア各国、日本にも生きたままで空輸されている。この事業は今後急速に拡大していくであろう。もともと南オーストラリア州で盛んになり、今日では西オーストラリア、タスマニア、ビクトリア州などでも事業が進展している。

20年も前には冷凍アワビが主であったが、今日では輸送技術も改善されて、生きたまま日本に空輸されている。それだけ価値が高くなった。もっぱら高級料亭、高級フランス料理店などでしかお目にかからない。われわれが一般的に回転寿司で食べているものや、スーパーで購入するものの大半は、韓国産アワビやアワビに似たもので南米のチリから輸入されているロコ貝などである。

魚の切り身

銀むつは、たいへん脂が乗っていて、身に旨味もあり、おいしい魚で、脂の質もわりとすっきり、冷えても固まらない。カロリーはともかく、コレステロールの心配はない。脂肪が多い白身魚で、日本では照り焼き、焼き魚、煮付けなどにして食される。また、ソースやハーブを用いた洋風料理にも利用されている。業界では「メロ」と呼び、政府の統計数字などにもこの名称が使われる。このメロを一般の消費者は切り身の状態でしか見たことがないと思う。日本には頭と内臓を除いた状態で入ってくるので、魚屋やスーパーでもこれを解凍した状態で販売している。

メロは白身の魚で、ギンダラの漁獲量が減少したために1980年代からその代用として日本にも輸入されるようになり、一般的に「銀むつ」と呼称され流通した。現在、日本は米国とともに世界最大のメロ輸入国となっており、その輸入量は、年間約1万5000トンである。その40％以上がオーストラリアから来ている。日本は米国を上回る世界最大の輸入国で、主要消費国である。スーパーで売られている太平洋さけも、オーストラリアから大量に輸入されている。

その他の海産物

オーストラリアの長い海岸線は、漁業資源が豊富である。日本で重宝にされている甲殻類、貝類、ウニ、わかめ、ひじき、昆布など。まだまだ開発輸入の可能性が大きい。タコ、イカなどの軟体類も利用されていない。現在タコ、イカなどに設けられている輸入枠が今後解消されれば、この辺にも大きな可能性が出てくる。貝類も、カキ、帆立貝、アワビなどに需要があるぐらいで、現地の資源については、ほとんどの種類に関しても研究の余地が大である。すでに南の海岸線で養殖されているカキは、日本にも輸入されている。また、伊勢エビやウニなども生きたままで空輸され日本の高級レストランで重宝がられている。

オーストラリアの水産物の水揚げは、日本と比べると小さい。年間に約30万トンで、2000億円程度である。トップファイブは、伊勢エビ、サーモン、エビ、マグロ、アワビの順である。そのうち、養殖の占める割合は35％

写真 2-8　豊富な地元海産物料理

になっており、今後この割合が急速に大きくなるであろう。現在養殖されている魚種は、サーモン、エビ、マグロ（蓄養）、アワビ、伊勢エビはもちろんのこと、カキ、ムール貝やタイ、ヒラメ、キスなど多種多彩にわたり、今後いっそうの発展を遂げるであろう。養殖に適した環境は大変良い。高い養殖技術、汚染のない素晴らしい自然環境、安価で容易に調達できる餌、低廉な生産コストなど、国際的にも十分競争できる環境が整っている。

オーストラリアではサーモン、エビ、伊勢エビ、キス、カキなど限られた魚種を消費している状態で、水揚げのほとんどが輸出されている。アジアからの移民が増大している状況で水産物の国内消費が伸びてはいるものの、この傾向は今後ともあまり変化がないであろう。しかし、海に囲まれ長い海岸線をもつこの国が、今後海洋資源の供給国としていっそう注目されることは間違いない。

酪農製品

戦後の食生活の西洋化が進み、乳製品の消費が急伸した。食品の中で一番需要の高いのが酪農製品である。戦後間もないころ、アメリカからの救援物資として粉乳が提供され、それを溶かした牛乳が初期の学校給食に出され、鼻をつまんでいやいやながら飲んだ経験がある。牛乳・乳製品の消費量は、１９６０（昭和35）年には国民1人当たり、生乳換算で年間約23キロだったが、１９９６（平成8）年には4倍を超える約93キロとなった。牛乳・乳製品の総消費量は、約１２２０万トンとなり、米（約９００万トン）や小麦（約１０００万トン）を抜いて、国内で最も需要の多い品目となっている。

乳製品の消費量は順調に増加しており、特に外食産業、洋菓子、菓子パンの普及・成長によって業務用の乳製品需要が大きく増大した。乳製品の需要が増大する中で、戦後の貿易自由化策の下、早い段階からナチュラル・チーズ、乳糖、カゼインの輸入自由化が行われ、さらに、1989年にプロセス・チーズ、1990年にアイスクリーム、ホイップド・クリーム、フローズン・ヨーグルトの輸入が自由化された。牛乳の需給調整にとって最も重要である脱脂粉乳、バターについても、1994年に合意したウルグアイ・ラウンドで輸入割当制が廃止され（関税割当制度導入）、ほかの乳製品の関税率も低下した。

現在、わが国の牛乳・乳製品の総需要量（食用）は、すでに述べたように生乳換算で1220万トンである。そのうち、国産が約840万トン、輸入が約380万トンとなっている。輸入のうち250万トンがチーズで残りが粉乳、アイスクリーム、カゼインなどである。1960年には24万トンであったので、輸入が16倍以上の大きな伸びを示している。主な輸入先としては、オーストラリアが140万トン、ニュージーランドが108万トン、EUが107万トンである。この分野では、オセアニアの輸出量が飛びぬけて多い。その主たる理由は、乳価が世界で最も安く、世界で1番競争力があるからである。ちなみに酪農家からの加工用乳価は、オーストラリアでリットル当たり25～30円である。日本では、それが100円近くになっている。これでは、到底自由な国際競争に勝てない。

チーズ

チーズは、ナチュラル・チーズとプロセス・チーズに分類されるが、日本でチーズといえばプロセス・チーズのことである。プロセス・チーズは、日本人の味覚、風味などを考慮し製造されている。プロセス・チーズに使うナチュラル・チーズは、1951年に輸入自由化され、輸入量は2009年に18万30

00トンであった。一部ナチュラル・チーズとして直接消費されるが、大部分が日本のプロセス・チーズの原料として使用されている。その主な種類は、ゴーダ、チェダー、イーダムなどの硬質のチーズである。これらは、ほとんどオーストラリアから輸入されている。プロセス・チーズは、1989年に自由化され、輸入量もその時の5000トンから今日では9000トンになっている。

現在、日本では1年間に約25万トンのチーズが消費されているので、国民1人当たりでは、1年におよそ2キロ食べていることになる。オーストラリアでの消費量は、日本の6倍以上の1人当たり1年間約13キロである。日本国内での消費は、現在の極端に高い小売価格が下がれば、相当伸びるであろう。

粉乳

粉乳は、牛乳から水分を除いた全粉乳と脂肪分を除去した脱脂粉乳が輸入されている。これは、国内でアイスクリーム、加工牛乳、乳酸飲料、パンや菓子に利用されている。また、飼料用、学校給食用でもある。年間40万トン弱が輸入されている。現在、関税割り当てが適用されていて、自由化は今後の課題である。自由化されれば相当高い関税を設定しなければ、オセアニアからの輸入が急増するであろう。すでに指摘したように原料乳の工場出荷価格が、日本ではオーストラリアの4倍前後するので押して図るべし。

バター

バターの輸入に関しては関税割当制度が適応されている。

これは、農林水産省が毎年の輸入割当数量を定め、ある一定量の輸入までは定率の輸入関税（一次税率）

で外国から輸入するが、一定の輸入枠を超えると高率の輸入関税（二次税率）が適応されるという制度で、国内生産者保護を図るものである。バターに関しては、関税割当数量6000トンまでは一次税率が35％だが、その割当量を超えると29・8％＋キロ当たり985円の二次税率となる。この二次税率は、実質394％の輸入関税率となる。

こんなに高い輸入関税がかかっては、実質外国からの輸入は、シャットアウトされてしまう。つまり、二次税率で自由に輸入はできるものの、価格的に相当割高になり実質的にはバターの輸入は、政府が設定した関税割当量に制約されてしまうわけである。

アイスクリーム

日本人とアイスクリームの出会いは江戸末期のこと。幕府が派遣した使節団が訪問先のアメリカで食べたのが最初で、1869（明治2）年には、日本最初のアイスクリームが横浜で作られている。文明開化の波に乗り、日本のアイスクリームの歴史は始まった。今日では1000億円市場である。アイスクリームは、1990年に輸入自由化され、ニュージーランド、オーストラリア、ヨーロッパなどから輸入されている。2009年には約60万トンが輸入され、オーストラリアとニュージーランドで全体の70％近くを占める。

オーストラリアのミルク生産は、ヨーロッパから初めてオーストラリアに入植した1788年から始まっている。最初の入植者にミルクを提供するために乳牛5頭（オス1頭、メス4頭）が持ち込まれた。オーストラリアには、現在約300万頭の乳牛（そのうちメスが220万頭）が飼育されており、年間約

100億リットル（1000万トン）のミルクが生産されている。そして、その半分以上が、加工されチーズや粉乳の状態で輸出されている。主にアジア向けで日本にはそのうち20％（200万トン）近くが輸出されている。

調味料

砂糖

日本は、砂糖の原料となる粗糖を年間120万トン前後輸入している。これは国内需要の約90％である。約10％は、国内で作られている甘藷やサトウキビから生産している。主な輸入先は、タイ、オーストラリア、南アフリカなどで、オーストラリアからは約41％（50万トン）が輸入されている。砂糖の輸入は商社が仲介しており、その中でもオーストラリア産粗糖については、三菱商事と三井物産が独占的に取り引きしてきた。

オーストラリアでは18世紀の入植時にヨーロッパから粗糖の原料になるサトウキビが持ち込まれ、それ以来クイーンズランド州からニューサウスウェールズ北部の海岸線2100キロに及ぶ広大な地域で栽培されている。年間3500万トンのサトウキビを収穫し、粗糖を約400万トン生産してその80％を輸出している。

2011年にクイーンズランド州北部を襲った巨大なサイクロン・ヤシによりサトウキビ栽培が甚大な被害をこうむった。その結果、粗糖生産は大幅に減少し、400万トンを切るといわれている。輸出も250万トンを下回ると予測されているが、ブラジルに次いで世界第2の生産、輸出国である。4000以上の農家で栽培されたサトウキビは、イギリス資本のＣＳＲなどが粗糖に精製している。早くから北米向けに輸出をし、１９５４年以来日本向けにも継続して輸出している。最近この会社の砂糖部門がアジアのアグリビジネス会社、ウィルマー社により買収された。アジアでの需要の拡大に対処するための戦略的投資とみなされている。実際東アジア、東南アジアに大量に輸出され、その量が毎年増加している。この結果、これまでどおり粗糖が、今後とも日本に安定的に供給されるかは定かではない。日豪の長い貿易関係の間には次のようなことも起こった。

１９７４年に日豪間で砂糖を供給するための長期輸入契約が締結された。それは１９７５年から5年間にオーストラリアが、日本に60万トンの粗糖を供給することを定めた。しかし、１９７５年になり国際価格は、契約価格の半分くらいに下落した。さらに、悪いことに日本の需要が停滞し、砂糖の在庫が増加、企業の赤字がかさむ一方の状況に直面した。このような状況で日本側は、オーストラリア側に商品の出荷を見合わせ、契約条件の再検討を要請した。しかし、豪州サイドは１９７６年、契約どおり商品の船積みを強行した。この結果、16隻の船で約20万トンの原糖が、商品の引き取りが行われず横浜港沖に立ち往生した。一時は両国の深刻な外交問題にも発展する様相であったが、醸成された信頼関係で円満に解決した。

粗糖も今は売り手市場である。アジア諸国の経済成長で需要は根強い。輸入規制の時代ではない。いつまでも規制をしいていると、供給を確保できなくなる。現在日本では、砂糖の輸入は完全に自由化されていない。政府管理で、限定的な国内産業保護のための関税割当、輸入調整金制度などが存在する。日本の国内産粗糖価格は、豪州産の約３倍である。

塩

塩は、原塩と精製塩（通常原塩を一度溶解し、再結晶させたもの）とに分かれる。原塩には岩塩と、海水を天日で蒸発させて製造された天日原塩とがある。

日本の塩消費量は、年間約860万トンである。大半が工業用で、食用は200万トン弱である。輸入依存率は87％で、年間750万トン。日本は世界一の塩輸入大国である。オーストラリアが最大の供給国で、日本は、全体の44％の330万トンをオーストラリアから輸入している。次に主な供給国は、メキシコである。

世界の塩貿易量の30％が日本に輸入されているのは、日本が工業国で、化成品を作るために需要が多いからである。1960年代の高度経済成長時期に日本の化学産業が急成長し、需要量が急速に伸びた。日本国内では岩塩がほとんどないので、瀬戸内海地域などで塩田を作り、海水を引き入れ作っていた。筆者が小学生の頃、社会科の教科書にはその塩田の写真が大きく掲載されていたのを記憶している。しかし、その後コスト的に競合できなくなり、廃田が後を立たず、一部だけが残り、食料用として操業しているのが現状である。もともと日本の気象条件では、天日と風を利用して塩を作ることに適していない。だから残っている塩田では、塩水を窯に入れ、石炭を燃やして水分を蒸発させて塩を作る方法を取っている。

輸入している750万トンのうち652万トンがソーダ工業用でカ性ソーダ、塩素、炭酸ソーダを作るために使われ、残りが国内生産量と合わせて一般塩である。一般塩の用途は、味噌、醤油、漬物、家庭用、家畜用である。輸入、国内流通に関しては、長い間そのほとんどを専売塩としてＪＴ（日本たばこ）が取り扱っていたが、1997（平成8）年にこの専売制度は廃止され、規制緩和の一環で新たに財塩事業センターが、一元輸入制度の下で引き継いだ。しかし、現在塩の輸入は、完全に自由化されており、だれでも輸入できるようになっている。基本的に輸入税はゼロである。ただ、粒径2・8ミリ以下の製品に関しては輸入関税がキロ当たり5円になっている。

オーストラリアは、日照時間が長く、環境汚染のないきれいな海水、世界で一番効率よく天日干しが可能な地域で、海岸近くに巨大な塩田を作り、海水を蒸発させて塩を取っている。年間の生産量は約1500万トンで、その多くは西オーストラリアの海岸地帯で生産されている。過去40年にわたって日本に安定供給をしている。オーストラリアからの塩の運搬には、運賃を安くするために大型で専用の輸送船が使われ、一度に10万トン以上もの塩が運べる。塩の価格は、1トン当たり日本の港渡しで35～40ドルで推移している。半分以上は運賃である。国内産はそれの数倍になる。

写真 2-9　オーストラリアの塩田

アルコール

サトウキビから粗糖を精製する段階で発生するラムは、アルコールとしても重宝がられているが、一方でその豊満な香りがフレーバー用にいろんな食品に使われている。その代表的なものとしてタバコである。タバコにフレーバーをもたすためラムを使用している。これは、主にオーストラリアから輸入されている。また、同じくサトウキビから粗糖を作るときの副産物としてモラセス（糖蜜）があるが、日本は年間約2

0万トン、オーストラリアを含め東南アジアから輸入している。用途は、われわれの食生活の中でかかわりのあるアルコール発酵用、製パン用イースト、うま味調味料などである。

ワインに関しては、オーストラリアはまだまだ知名度が低いので、輸入量も全体の数パーセントである。伝統的に、フランス、ドイツなどのヨーロッパから主に輸入されているが、最近は、アメリカ、チリ、南アフリカなどからも入ってきている。しかし、オーストラリアが世界の主要ワイン生産国の一員で、フランス、スペイン、イタリアに続いて世界4番目の輸出国で、世界の100カ国に輸出している。全国約60カ所のワイン生産地域で、2000ほどのワイナリーが、ワインを生産している。年間の輸出額は、1999年に1000億円、2002年に2000億円そして2007年には7億6000万リットルのワインが輸出され、外貨獲得は3000億円を超えた。さらに拡張している。イギリス、北米、ニュージーランド、ドイツがその大半を輸入しているが、アジア地域への輸出が着実に伸びている。約200年間でオーストラリアは、それよりもずっと長い歴史をもつヨーロッパ諸国に匹敵する世界を代表するワイン産業を作り上げた。毎年オーストラリアのワインが世界の品評会で最高の賞を多く受けている。世界の頂点に上り詰めた。

日本人のワイン消費量は、1人当たり年間2・3リットルであるが、オーストラリアではその10倍のワインを消費する。ちなみに、フランスはそのまた倍で、1人当たり年間46リットルを飲んでいる。今後、オーストラリア・サイドの努力により知名度が高まれば、オーストラリアからの輸入も増加するであろう。

ビールに関して、日本は世界各国から完成品を輸入している。オーストラリアからも、ノン・アルコール、低アルコールを含め各種のビール、発泡酒が来ている。また、日本酒に関しては、オーストラリア米を使い兵庫県にある小西酒造が、現地で『豪酒』ブランドで日本酒を造り日本に輸出している。今後、豪州産の焼酎などもお目見えするであろう。

食料油

日本で利用されている油脂原料は、560万トン程度である。そのほとんどは海外からの輸入で、米ぬかが商業的にはほぼ唯一の国産原料となっている。昭和30年代までは菜種が有力な国産原料であった。地方では周りの農地に黄色い菜の花がいたるところに咲き乱れていた光景を思い出す。しかし、今では搾油に供される量は、全国で1000トン程度しかない。また、伝統的な日本食を彩るゴマも、統計に上がらない数量となった。十分な農地面積がない、収量が低い、生産コストが高い、栽培が難しい、気候が適していないなどさまざまな理由によって国産原料は衰退した。だから今日ではほとんどの供給を輸入に依存している。そのうち菜種と大豆が、全体の80％を占める。大豆はアメリカが主でブラジル、カナダなど、菜種は主にカナダから輸入されているが、近年オーストラリアからの輸入が増えている。

写真2-10　広がるオーストラリアの菜種畑

カナダの菜種は、除草剤耐性の遺伝子組換え種である。良質な食用油を作ることができるが、輸入菜種種子が搬送途中でこぼれて道ばたなどで育ち、在来菜種と交雑する危険性が指摘されている。事実、2009年に交雑菜種の存在が、三重県松阪市の河川敷で確認された。花粉の飛散によって交雑が生じて、野生のアブラナ科植物に除草剤耐性遺伝子が混入すると、野山に生息する雑草にも除草剤耐性遺伝子が拡散する危険が出てくる。そうなると、除草剤の効きが悪くなり、その使用量が増えたりすると、環境に悪影響が出ることが懸念される。このことのため、より安全なオーストラリア産が、現在では全輸入量220万トンの20％、44万トンであるが、今後さらに注目度が上がり、輸入量増加の可能性が大いにある。

オーストラリアの搾油用種子の栽培は、入植当時（18世紀の後半）から行われていた。しかしそれがオーストラリアの農業生産で重要な立場を確立し、かつ輸出産業として知られるようになったのは1980年代以降である。キャノーラ、綿実を主体に大豆、ひまわり、落花生、サフラワー、リンシードなどを栽培している。年間の生産量は約300万トンで、栽培地域は東南部と西部に集中している。

キャノーラについては、豪州国内での広域栽培作物として、小麦、大麦に次ぐ、重要な作物になっている。そして、世界第2の輸出国として、毎年100万トン（世界輸出全体の15％）以上を、主に日本、中国、パキスタン、ヨーロッパなどに輸出している。さらに、オーストラリア国内で搾油し、製品化したキャノーラ油も輸出されている。

食用油用として最近、綿実の輸入が増えている。綿実油は、綿を採ったあとの綿花の種子から作られる植物油である。独特のコクと風味を生かすため、ほかの植物油と混合せずに、単独でサラダ油として利用されることが多く、マーガリンの材料としても用いられる。年間15万トンほど輸入されており、主な輸入先は、オーストラリアである。オーストラリアでは150万トンを生産し、50万トンほど輸出している。世界最大の輸出国である。

また、オリーブ油にも人気がある。現在、世界中でおよそ9億本のオリーブが栽培されている。もちろん、その主要産地は、地中海沿岸のスペイン、イタリア、ギリシャで、世界生産量約200万トンの75％

を占めるといわれている。そんな中、オーストラリア産のオリーブオイルが、世界各地で高い評価を得ている。オーストラリアのオリーブ栽培面積は、地中海沿岸地域以外ではアルゼンチンに次ぐ世界第10位。南部の沿岸地帯は、地中海沿岸によく似た気候で、１８００年代前半にはすでにオリーブ栽培が始まっていた。以来、ブドウ同様オリーブ栽培が盛んになった。冬に降った雨が土壌を豊かにし、夏には照りつける日差しと乾燥した空気、この自然の恵みがオリーブやブドウの栽培に適している。加えて、オリーブに対する害虫や寄生虫がほとんどいないので無農薬に近い状態での栽培が可能である。そのため、高品質なオリーブが収穫できる。国内で搾油された瓶詰めのオリーブ油が日本にも輸入されている。

野菜、果物

野菜はほかの食料と比べてまだ自給率が高いが、それでも輸入量は、年間で２００万トンにならんとしている。生鮮、冷凍、その他（乾燥、缶詰、酢漬けなど）で輸入されている。それぞれのジャンルで日本は、70万トン近く輸入している。

生鮮での輸入も近年急増している。主な野菜は玉ねぎ、にんじん、アスパラガス、ブロッコリー、レタス、かぼちゃなどである。この中でも玉ねぎが一番多く、年間約20万トンを10カ国ほどから輸入している。これは国内の供給量の15％である。輸入は1年中を通して行われているが、日本での生産がない冬場に多い。特に季節の逆である南半球からのこの時期に集中する。アスパラガス、かぼちゃ、にんじん、玉ねぎなどもオーストラリア、ニュージーランドから入っている。スーパーなどで見かける。生鮮野菜の輸入は、今後も増加するであろう。運送上の技術進歩、円高による輸入品の低価格、日本の生産端境期などに、１

年中収穫ができる東南アジア、季節が逆のオセアニアからの輸入が増えるであろう。1年中安定、低廉供給を必要としている外食産業、スーパーなどの輸入食材に対する強い需要がある。今のところ、オーストラリアから生野菜について葉ものは輸入できるが、根ものの輸入はまだ自由にはできない。しかし、日本と違って農薬漬けにされていない土地で育てているので収穫された作物のシェルフライフが長く（長持ちするので賞味期間が長い）、安全で安心である。

野菜に限らず果物も世界各国から、年間200万トンが輸入されている。今後はさらに増えるであろう。オーストラリアからも、オレンジ、レモン、リンゴなどが輸入されている。両国の植物防疫上の取り組みに、より多くの合意をみれば間違いなく増えてくる。最近も、タスマニアで栽培されている「佐藤錦」が、燻浄処理なしで初めて日本向けに出荷された。日本の冬季に、新鮮で天然のさくらんぼがお目見えする。もともとこの品種は、日本の栽培農家が1930年代タスマニアに持ち込んで栽培し始めたものである。

もちろん、オーストラリアからの野菜、果物の輸入が今後どの程度伸びるかは、当該諸国と日本が交渉している自由貿易協定交渉の行方、さらには世界貿易機構での農産物自由化協議やGATT、農産物供給国で構成するケアンズグループなどとの交渉の結果や植物防疫に関する関係国との調整などによる。

五、その他の重要資源

羊　毛

羊毛の生産でオーストラリアが世界をリードしていることは、ほとんどの人が知っていると思う。現在世界の羊毛生産量で抜きん出ているオーストラリアに羊が持ち込まれたのは1797年であった。イギリスの植民地時代、イギリス陸軍大尉ジョン・マッカーサーが、南アフリカからスペイン産・メリノを8頭買い付けたことが始まりだといわれている。オーストラリアの大地により適したメリノ種が、太平洋戦争までオーストラリア経済発展の屋台骨であった。オーストラリアに1億頭以上いる羊の75%はメリノ種で、アパレル用に最適なソフトでしなやかな純白のウールを産出し、世界に供給している。

総合商社兼松の前身である兼松商店を創設した兼松房次郎が、1889年にオーストラリアから初めて原毛を輸入した。これが日本とオーストラリアの本格的な貿易の始まりであった。日本の高度成長を支えた鉱山資源や食料の輸入よりずっと前のことである。それ以降、高度成長期を通して、日本は大量の羊毛を買い付けた。羊毛事業は日本の商社、繊維会社にとって花形部署であった。しかし、高度成長期以降は、国内での公害問題や産業構造の変化によってそれまでの脂付羊毛（原毛）から洗上毛、炭化毛に輸入品の

写真 2-11　メリノ種の放牧風景

内容も変化した。やがてそれらの作業もコスト高の影響で中国や東南アジアに移転していった。以前は日本で作っていたトップ、毛糸、さらには反物までコストの安いアジア諸国で生産されるようになった。この結果、オーストラリアからの原毛、洗上毛などは中国、台湾を中心にアジア諸国に輸出され、そこで加工処理された製品を日本が買い付ける形態が確立した。その結果、日本がオーストラリアから直接買い付ける羊毛量は極端に減少した。

環太平洋地域では世界中の毛織物工業が、オーストラリアから原毛やトップなどの原料を購入し、中国を中軸とする東南アジアで生産加工を行っている。そこから、世界中の消費市場にウール製品を供給するグローバルな分業体制が急速にでき上がりつつある。もちろん日本の繊維会社は生き残るため、この体制に技術面、資金面、経営、マーケティングすべてに直接関与している。

紙の原料

われわれが日頃何気なく使っている紙はその原料が木材である。チップ状に裁断された木材チップを高温高圧の釜で煮ると、チップは木材繊維分と黒液に分離する。その木材繊維を取り出し漂白設備にて洗浄、漂白すると白色度の高いパルプとなる。このパルプを原料として紙ができる。日本は原料としてチップとパルプの両方を輸入している。

製紙原料は、パルプ43・7％（うち輸入チップは24％、輸入パルプは8・5％）、古紙56・3％で、国民1人当たりの使用量は世界第6位である。1日当たりA4版で130枚分を国民一人ひとりが使用しているといわれている。

日本の木材チップの輸入量は、世界貿易全体の70％である。２０１０年のチップの輸入量は、１２１１万トンで輸入額は、２１６７億円であった。木材チップの輸入先は、オーストラリアからが断然多く、全体輸入量の約36％の４３０万トンが輸入されており、次のチリは約20％である。この分野では依然オーストラリアの果たす役割が甚大である。

オーストラリアでの木材伐採に関しては、昔から環境団体が反対している。今のところは、日本の調査捕鯨に対して過激な妨害活動をしている団体のような状況ではないが、伐採後の計画植林、環境基準の順守などを真摯に実行して、木材チップの輸出に影響が出ないように常時累意する必要がある。廉価で良質のチップが安定して継続供給されないと、紙不足や紙製品価格の高騰などでわれわれの日常生活に大きな影響が出てくる。

綿　花

衣料には欠かせない天然繊維として羊毛以外に綿がある。綿の原料になる綿花の需要は化学繊維に押され縮小し、また産業構造の変化によって日本の綿花輸入量が激減している。日本綿花協会のまとめによると、２００９年には30万７０００俵（1俵は２１８キロ）と前年比45％減った。年間の減少率としては戦後最大という。デフレでジーンズ、タオルなど代表的な綿製品が、安価な中国製に押され、国内の綿花需要減少が止まらない。

２００９年の輸入量は２０００年と比べ75％も減っている。綿製品が中国から完成品として大量に輸入されるため、日本での加工用途（紡ぎ、織物、縫製）が激減した結果である。日本での年間需要は、このところ9万トン前後である。国内生産がないので全量輸入に依存している。世界の綿花の生産量は、2400万トンにもなり、中国、インド、アメリカ、パキスタン、バングラデシュ、ブラジルなどが主な生産国である。今日では日本の輸入量は大変少なくなっているが、アメリカをはじめブラジル、オーストラリア、シリア、インドなどから輸入している。オーストラリアからはそのうち約18％が来ている。

オーストラリアの綿花の栽培は、イギリスから入植してきた時持ち込まれた綿実から始まった。1830年代にはイギリスに輸出し、アメリカに続いて綿栽培が活発になった。戦後1950年代に栽培が一時休止したが、その後オーストラリアの綿花は、ニューサウスウェールズ州を中心に栽培されており、年間100万トンの生産量で、90％以上を主にアジア諸国に輸出している。この傾向は、現地での天候異変により生産量が大幅に影響を受けない限り、今後とも続くと思われる。

なお食料油で紹介した綿実（綿の実から綿毛を取った残りの部分）は家畜の飼料用としても利用されており。年間16万トン程度が輸入されている。オーストラリアがそのうち90％以上の14万トンを供給している。オーストラリアは、世界最大の輸出国である。

珪砂（シリカサンド）

ガラスの主原料は珪砂である。珪砂とは、海浜や砂丘、川などに堆積した石英や花崗岩などが風化した砂である。珪砂は、別名「シリカサンド」とも呼ばれ、98％以上が二酸化シリカ SiO_2 である。これに石灰石、ソーダ灰、ボウ硝などを添加してガラスを作る。ソーダ灰や石灰石は、ガラスを溶融しやすくするために入れる。ボウ硝は清澄のため使用する。清澄とはガラス化反応の最終段階でガラス素地に含まれる気泡を除く作業のことをいう。窓ガラス、自動車ガラス、スライドガラス、ガラス食器、半導体を主体に、壁材、鋳物用鋳型など向けに幅広く使用されている。

日本市場の年間需要は、約450万トンである。このうち輸入が約200万トンを占めており、主にオーストラリア、マレーシア、ベトナム、インドネシアから輸入しているが、供給安定性が高く良質のオーストラリア産が長期にわたって重要な供給源となっている。三菱商事が、50年も前から主にクイーンズランド州から、豊田通商は、西オーストラリアから輸入している。

また、珪砂は、太陽光パネルにも使用されており、新エネルギーへの注目が高まる中、その需要も大きく伸びている。日本の産地としては愛知県瀬戸市陣屋付近、静岡県加茂郡宇久須村付近などが知られているが、海外産に比べて割高である。オーストラリアの依存度が、今後高まっていくことが予想される。

このほかにも、詳細は省略するが、家畜用にアルファルファ、ライグラス、オーツ、チモシーなどの乾牧草、キューブやペレットなどの牧草の加工品が、オーストラリアから輸入されている。また、犬、猫などのペット用に缶詰、ドライのペットフードや小鳥のえさとしてヒエ、粟などの雑穀などもオーストラリアから来ている。また、石鹸、ろうそくの製造原料や潤滑油、軟膏の基剤などに使用されている牛脂や、クリーム、ワックス、避妊剤などに使われている羊脂も主にオーストラリアから輸入されている。

オーストラリアが、われわれの日常生活にいかに身近に存在するか、おさらいの意味で、ある夏の日、家庭の居間に座って、周りを見渡してみよう。

窓からは夏の青空が見えている。アルミサッシの窓には透明のガラスに太陽光が反射している。アルミサッシの原料は、アルミニウム。その40％がオーストラリアから来ている。ガラスの原料は珪砂で、直前に紹介したように日本はその50％以上をオーストラリアから輸入している。節電ということでクーラーの温度を高く設定しているが、夏の暑い昼下がりクーラーの電源は入っている。日本では火力発電と原子力発電で全発電量の90％以上を賄っている。発電するためには燃料がいる。その燃料は、石炭、天然ガス、ウランなどである。オーストラリアが石炭の60％以上、天然ガスの20％、ウランの35％を供給しているのである。そのクーラーは鉄でできている。鉄の原料は、鉄鉱石と原料炭である。日本はこれらの原料の60％以上をオーストラリアから輸入して、鉄鋼を生産している。鉄がなければ、車も、船も、エアコンも建物も、橋も、機械も作れない。

夏の暑い日には、ビールがほしい。その前に冷たいおしぼりで顔をひとふき、気持ちが良い。おしぼりは綿製品。オーストラリアの綿花が使われている。ビールの原料は、大麦・モルトである。われわれが飲んでいるビール、ウイスキーは、オーストラリアである。ちなみにビール瓶やグラスも原料は珪砂。ここにもオーストラリア。つまみにチーズがありがたい。日本のプロセス・チーズはほとんど、オーストラリアから輸入したナチュラル・チーズを原料にして作られている。居間には大きな本棚が1つあり、いろんなジャンルの書籍が所狭しと並んでいる。本は紙でできている。紙の原料は木で、それを粉砕しチップにして、パルプを作り最終的に紙ができる。そのチップの40％近くはオーストラリア出身である。

部屋の中にコンピューター、電卓、携帯電話、テレビなどが置いてあるだろう。これらの製品の根幹は鉄、アルミ、プラスチックなどでできているが、製品を構成している素材、物質には、金、銅、チタン、リチウム、コバルト、ニッケル、タンタル、インジウムなど多くのレアメタルが使われている。自動車、家電製品などの塗装にチタン、モリブデンなどが使われている。これら重要金属は、オーストラリア生まれである。このようにわれわれの日常生活のあらゆるところにオーストラリアが潜んでいる。オーストラリアとは切っても切れない間柄で、オーストラリアがなければわれわれはまともに存在できない。

繰り返しになるが、要約として主な品目別にオーストラリア依存度を表にすると表2－1のようになる。オーストラリアの重要度が一目瞭然である。

以上簡単ではあったが、オーストラリアから輸入している主なエネルギー・鉱山資源、食料、生活物資の原料などをリストアップし解説した。すべてをカバーしたわけではないが、これだけでも知れば、オーストラリアが日本の産業、国民生活にとっていかに重要であり、日本が今後とも発展していくために、以前にも増してオーストラリアが必要不可欠であることを理解していただけたと思う。オーストラリアはまさしく、日本の生命線なのである。その生命線に変化が起きている。それもここ数年のただならぬ変化である。この変化を迅速、かつ詳細に認識し、戦略を再構築しないと大変なことになる。原発事故のように想定外では済まされない国運がかかっている。資源争奪戦時代をいかに生き延びていくかについて次章で詳しく検証する。

注

（1）太陽光、地熱、風力、バイオマスなど（出典　経産省）。

（2）花き、小麦、芋、豆類など（出典　農水省）。

表2-1　オーストラリア資源に対する日本の依存度

食料資源	
牛肉	70%
乳製品	37%
(チーズ)	90%
(アイスクリーム)	35%
エビ	2%
あわび	40%
ミナミマグロ	90%
小麦	16%
大麦	70%
モルト	35%
菜種	20%
綿実	70%
塩	44%
砂糖	41%

エネルギー資源	
一般炭	63%
天然ガス	20%
ウラン	35%

鉱山資源	
鉄鉱石	62%
原料炭	63%
アルミニウム	40%
金	25%
銀	15%
銅	8%
亜鉛	35%
鉛	50%
ミネラルサンド	60%

その他の資源	
珪砂（シリカサンド）	50%
木材チップ	36%
羊毛	70%
綿花	18%

レアメタル（希少金属）	
レアアース	2%
ニッケル	40%
マンガン	36%
チタン	37%
コバルト	90%
タンタル	50%

第二章 日本は、豪州資源争奪戦に勝ち残れるのか

すでに何度も繰り返したように、日本の経済成長に必要なエネルギー、鉱山資源、食料資源は、オーストラリアから長期にわたり安定して日本に供給されてきた。しかしながら、これが今後とも問題なく継続して安定的に供給されるかは、今後の諸事情を考察しなければならない時代になっている。強大な変化のうねりが、日本の資源確保の将来に危険信号をともし始めている。

その最大の理由は、中国、韓国などの東アジアをはじめ、アジア諸国における経済発展が目覚しく、その経済活動に対する旺盛な資源需要が増大しているということである。このことは日本が1955年以来の高度成長期、バブル景気に至る40年近くにわたる期間にその当時は、アジアにおいて日本だけが達成、体験したといっても過言でない。だから、そのために必要な資源は、他国との厳しい競争もなく、オーストラリアから低廉なコストで、大きな問題もなく長期的に継続して確保できたのである。

一、アジア諸国との資源争奪戦

しかし、現在は以前のように一つの国だけでなく、アジア諸国が一束になって高度成長を経験している。この需要、エネルギーは、想像を絶するほど巨大なものである。だから、日本にとってこれからの資源確保は、今までのようにスムーズに進まない可能性が大である。アジア諸国の経済発展があまりにも急激で、資源需要が急迫しているからである。特に中国、韓国、インドなどの経済成長は目覚しく、国民総生産GDPの成長率は、このところほとんど経済成長のない日本と比較して、年間10％近くにもなる勢いである。その高い経済成長から生じる資源需要を満たすため、果敢に資源大国のオーストラリアに接近している。

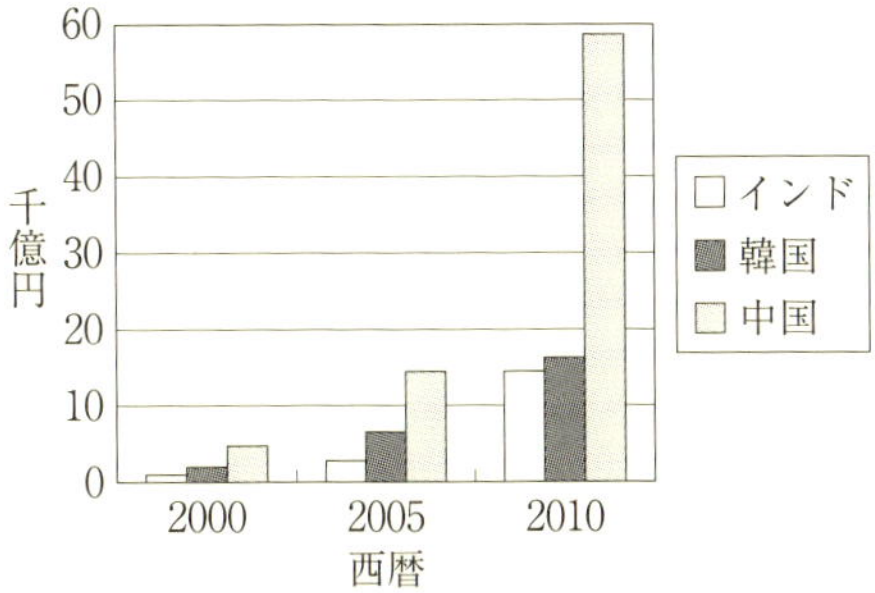

図３-1　アジア３国の豪州からの輸入額

この10年間の様子を見ても、アジア諸国によるオーストラリアの資源を中心とした輸入が急増している。２０１０年には、日本が40年間守り続けてきたオーストラリアにとって最大の貿易相手国の座を中国に譲った。この年中国は、オーストラリアの全貿易額の17％を占め、金額にして８兆５０００億円になっている。２０１１年にはこの数字が、10兆円を超した。オーストラリアからの中国向け輸出に関しても、10年前は、５４００億円程度であったのが、今日では６兆円相当までになっている。ここ数年間の急増にも目を見張るばかりである。急増している主なものは天然資源で、特に鉄鉱石は群を抜いている。その他、石炭、天然ガス、アルミニウム、ニッケルなどであるが、食料輸入も増加している。

韓国に関しても過去10年の間に、オーストラリアからの輸入が倍増し、2兆円を超えている。その主なものが、原油、鉄鉱石、石炭、天然ガス、アルミニウムなどのエネルギー、鉱物資源である。明らかに、発展を続ける国内産業の需要を満たすための資源確保である。

インドについては、10年前までオーストラリアにとって羊毛、雑穀、豆類などの農産品主体のごく小さな輸出市場にすぎなかったが、今日では輸出金額も1兆4000億円になり、オーストラリア全輸出の7%を占めるまでに急成長した。商品も従来の農産物から、石油、金、石炭といった天然資源の輸入に移行している。もちろんほかのアジア諸国も高い経済成長による需要の急増で、オーストラリアからの資源輸入を拡大させている。このようにアジアでの経済成長が持続する限り、この傾向は今後も継続発展していくことは疑いない。

オーストラリアのアジア向けの輸出の伸びは、たとえば中国、韓国、インドの3国に関して図3－1の棒グラフに示してあるように、過去10年間に驚異的に伸びている。5年ごとに倍以上の伸びである。この中で中国の伸びには目を疑いたくなるほどである。過去5年の間に約5倍の伸びを示している。そしてこの傾向は、今後しばらく続くであろう。

また、資源確保のために、中国、韓国、インドなどによる豪州資源に対する直接投資、企業買収が最近急増している現状からしても、今後のオーストラリアにおける資源争奪戦が熾烈を極めるであろう。これらの国のオーストラリアに対する直接投資の実例を挙げると、日本は安閑としておれないことがよくわかる。次に最近のアジア諸国による現地企業の買収、資本投下の概略を紹介する。

２００９年におけるアジア企業によるオーストラリア企業の吸収合併、買収は23件あった。そのうち10件が中国、７件が日本、４件が香港、２件がシンガポールそして韓国、タイ、インドネシア、インドからそれぞれ１件ずつ。そして２０１０年にはそのスピードが加速し、規模も巨大化した。そして投資対象産業も多様化している。

中国は、資源確保のための国策として『走出去』政策を打ち出している。これは中国企業の海外進出、投資を促進することである。すでに中国は、日本を抜いて世界最大の債権国で、外貨準備高も世界一である。この金の力で世界の事業の買収を進めている。特にエネルギー、工業原料、食料の確保には積極的で、オーストラリアにおいても、金、鉄鉱石、石炭、天然ガス、ウラン、モリブデン、穀物、食品加工などでの直接投資が急速に進んでいる。実際過去３年の間に中国の対外直接投資は、３兆円から７兆円と倍以上に増加している。そしてこれからの５～10年の間に、３００兆円といわれる巨大な外貨準備の１００兆円相当を、オーストラリアを含む海外の資源、資産の取得に投資されると予測されている。ちなみに日本の外貨準備高は、世界第２位で、約１００兆円。中国は日本の全外貨準備を、海外直接投資に利用するということである。

鉄鉱石の生産大国であるにもかかわらず、輸入量が世界一多い中国が、オーストラリアに本格的に進出を開始した。オーストラリアでの鉄鉱石生産を主力とするMidwest（ミッドウエスト）を、中国の鉄鋼メーカーである中鋼集団が買収するなど、中国勢の進出の動きが活発になっている。２００９年にはいるとこの動きは顕著に見られ、中国アルミが、資源メジャーの一角であるRio Tintoへの出資を発表して

Hamersley（ハマスレー）鉱山の操業を行うHamersley Iron（ハマスリー・アイアン）の権益取得に動いたほか、湖南華菱鋼鉄集団が、鉄鉱石鉱山会社第3位のFortescue Metals Group（フォーテスキュー・メタルズ・グループ）に11億ドル（1100億円）出資している。また、中国五鉱集団がOZミネラルズを12億600万ドル（1206億円）で買収し、中国第2の鉄鋼メーカー、鞍山鋼鉄集団が、西オーストラリアの鉄鉱石鉱山会社のジンダルビー・メタルズの持ち株比率を36・28％に引き上げる投資を行い、初期の投資2000億円を折半で同州のカララ鉄鉱石の採掘事業を2008年に開始し、2012年からここで採掘された鉄鉱石を100％中国向けに搬出することになっている。

世界の製造メーカーは安い人件費、生産コストを求めて製造拠点を次々と中国に移してきた。さらに2008年の「北京オリンピック」、2010年の「上海万博」など国家プロジェクトが続き、中国はこの需要に追いつかなくなり、鉄鉱石を外国から大量に輸入せざるを得なくなったのである。現在、世界の鉄鉱石輸入量の約40％を中国が占めている。中国の鉄鉱石に対する需要は今後とも伸び、資源確保のための直接投資もいっそう促進されるであろう。

2010年には、5000億円相当の直接投資を行い、南、西オーストラリアで採掘しているモリブデン鉱山を買収し、中国はオーストラリア第4番目のモリブデン生産供給企業になった。モリブデンは、鉄鋼の強度や靭帯性を改善するのに効果があり、特殊鋼などにも重要な役割を果たす。だから、世界最大の粗鉄生産国の中国にとって、これら一連の買収は至極戦略的なものである。

天然ガスに関しても、すでに記述したように巨額の長期輸入契約を次々と締結し、急増するエネルギー需要のための果敢なアクションを取っている。2011年末にはクイーンズランド州で開発中の天然ガスを２０１６年から20年間にわたり、毎年３００万トン、９兆円に及ぶ天然ガスを購入することで合意している。この結果この開発事業の権益を25％獲得することになる。中国はここ2年のうちに総額14兆円に上る天然ガス購入の長期契約を締結している。

中国は、今日世界最大の亜鉛、鉛の消費国で、世界全体の半数に迫ろうとしている。２００９年にはクイーンズランド北東部にあるオーストラリア最大のセンチュリー亜鉛鉱山を取得している。加えて、すでに筆頭株主である西オーストラリアの亜鉛・鉛の鉱山会社であるメレディアン・ミネラルを完全買収する行動をとっている。また２０１１年にはウラン鉱山の開発をしているバナーマン・リソーセス、鉄鉱石鉱山会社のダナンス・リソーセスやクイーンズランドの石炭鉱山の買収も進めている。２０１１年末には中国でウラン輸入が認められている2社のうち1社が、すでに経営コントロールしているオーストラリアウラン資源開発会社、エナジー・メタル社からウランの輸入契約をすでに締結している。２０１１年の中国による直接投資は約1兆円、前年比較で3倍近い伸びである。

このように、中国による直接投資は、短期間に猛烈な勢いで増加している。これらの直接投資の多くは、すでに述べたものを含め石炭、鉄鉱石、レアメタル、亜鉛、鉛、銀鉱山の買収、ウラン鉱山の利権取得、レアアース鉱山、処理施設への資本参加、資源メジャーへの資本参加などに向けられ、豪州の資源メジャーの仲間入りを果たしつつある。中国は、現在、石炭・鉄鉱石・アルミ・銅・鉛・亜鉛・ニッケルなどで世界最大の消費国となっており、世界消費の25～50％を占めている事実を知ればごく自然のことである。

ただ、中国からの投資に関しては、自由諸国のアメリカや日本と比べて投資案件の審査が厳しくなっている。外資審査庁のガイドラインでは、外国政府あるいは公的機関の直接投資に関しては基本的に審査対象になっているからである。このため、国益に反すると判断されると不認可になることもある。しかし、現実問題として２００７年に誕生した労働党政権以降、中国による１７０件以上、６兆円にも及ぶ直接投資案件を認可している。この中で5件に関しては、投資内容の修正、条件の変更などが要求された経緯がある。

韓国による直接投資も、過去10年の間に倍近く増えている。特に２００６年以降の増加は注目すべきものになっている。韓国最大の鉄鋼メーカーによる、クイーンズランド州にある石炭鉱山の買収を手始めに、最近南オーストラリア州の奥地、クーパー・ベイソンで天然ガス採掘、精製事業を手がけている大手資源会社サントスへの直接投資は、１０００億円になり、サントスの株を15％取得することになった。これは、今日液化天然ガスの輸入で世界一になった韓国ガス公社によるもので、国内需要を満たすための資源確保の一環である。もちろん天然ガス生産大国のインドネシアにおいても、この政府系企業は巨大な投資を行使して、拡大する国内需要に対する資源確保に乗り出している。

インドもこの資源獲得のため、２００８年からオーストラリアに本格的な直接投資を開始した。その第一弾が、世界最大の鉄鋼メーカーであるアルセロア・ミッタルによるクイーンズランド州の石炭鉱山への６００億円相当の直接投資であった。２０１０年には、石炭輸入、港湾事業の最王手であるインド企業、アダニ（Ａｄａｎｉ）が、クイーンズランド州で操業しているほかの石炭鉱山を買収し、インフラへの投資も開始した。１０００億以上の直接投資で、インドによる最大のものである。２０１１年には、アルセロア・ミッタルなどが、同じくクイーンズランド州で操業しているマッカーサー石炭鉱山を５０００億円で買収した。

写真 3-1　鉄鉱石の採掘現場では 100 トンクラスの超大型ダンプカーが忙しく行きかう

インドもようやく「本格的な鉄の時代」に入っている。現在のインドの粗鋼生産は、約５５００万トンと少ない。日本の半分、中国の10分の１以下の規模である。２００７年頃より高度経済成長期に入ったインドにとって、成長を持続するためには貧弱なインフラの整備が、不可欠かつ急務となっている。

インド政府は、２００７年からスタートした第11次５カ年計画で約５０００億ドル（50兆円）、２０１２年からの第12次５カ年計画で約１兆ドル（１００兆円）のインフラ（発電所、鉄道、飛行場、港湾、都市交通、道路など）整備計画を打ち出している。乗用車分野を筆頭に、民間製造業の設備投資も急速に進んでいる。建設用鋼材や自動車用鋼板が不足することは目に見えている。10年以内に粗鋼生産能力は３億トン規模になると予想されているが、生産される製品はほとんど内需に充てられるであろう。インドは鉄鉱石を豊富に埋蔵しているが、鉄を作るためには、鉄鉱石のほかに大量の「原料炭」が必要である。インドの原料炭の埋蔵量は、世界の中でも大きいが、品質が良くない。良質な石炭を確保するため、今後はオーストラリアに大きく依存せざるを得ない。そのための準備は着々と進められている。高度成長を支える資源確保のため、今後インドの対豪直接投資も加速するであろう。

中国、韓国、インドの３カ国に関して、ここ数年のオーストラリアとの経済関係の急成長を簡単に述べたが、もちろんほかのアジア諸国も、オーストラリアとの経済、通商関係を拡大させている。これは過去５年の間に、オーストラリア貿易のアジア依存度が、50％から70％以上になっていることに裏付けされる。このような資源獲得競争が、この数年で特に顕著になり、各種資源価格の高騰につながっている。資源そのものの確保もさることながら、高騰した資源をより競争力のある最高の生産効率で乗り切る必要がある。

鉱物、エネルギー資源だけではない。食料においても、小麦、大豆などの価格が急騰すれば、大量輸入している日本はこの影響をもろに被るのである。その結果、それらの原料を使用した製品価格が上昇し、日常生活に直接影響が及ぶ。特に最近の気候変動の影響を受け、世界各地において厳しい干ばつが発生している。その結果、世界の穀物生産が減少している。今後とも干ばつの発生はより頻繁になり、その影響も深刻になっていくと予想される。ロシアの穀物輸出規制の例に見られるように、穀物生産国が自国の需要を満たすため、輸出規制を敷いたり輸出を禁止したりすれば、それを輸入している国に甚大な影響が及ぶ。穀物市場での価格が暴騰し、毎日の生活に大きな付けが回ってくる。

穀物生産大国であるアメリカ、カナダ、アルゼンチン、ブラジル、オーストラリアなどでもこのところ干ばつが頻繁に発生し、穀物生産に大きな影響が出ている。これらの国が世界の穀物需要に応えられなくなったらどうなるのだろう。食料自給率が極端に小さく輸入に依存している日本は、最初に厳しい現実を甘受せざるを得ないだろう。

２０１０年、中国政府の農業副大臣が今後の中国の食料需要に関して、いっそうのプレッシャーがかかることを認めた。13億の人口を養うために、２０１５年までの5年間に穀物４００万トン、植物油80万トンと食肉１００万トンが毎年余分に必要であると発言をした。一般的に中国は、食料輸出国のイメージが強いが、天然資源同様、すでに食料の輸入大国になっている。この傾向は、ほかのアジア諸国でも同じである。そしてその多くの部分をオーストラリアから確保することになれば、日本の食料確保に致命的な影響を及ぼす可能性がある。アジア諸国の経済発展に従って食の西洋化が進み、そのために必要な食料需要もこれに拍車をかけている。この分野においてもアジア諸国のオーストラリアへの進出は、ここ数年盛んになっている。

すでに触れたようにオーストラリアは、世界でも最大級の粗糖輸出国である。日本は砂糖の原料になる粗糖の供給の多くを、半世紀以上オーストラリアに依存してきた。中国は、この粗糖生産事業の買収をここ数年執拗に追い求めている。食料需要膨張のため砂糖の供給を確保することは、中国にとって最重要政策のひとつになっている。２０１０年、オーストラリア最大の粗糖精製会社の買収では、終局的にシンガポールのアグリビジネス会社に横取りされた経験がある。この会社は、クイーンズランド州に7カ所の精製拠点を所有しているオーストラリア最大の砂糖会社である。この買収劇に敗退した中国はあきらめず、その後、２０１１年の7月になってオーストラリア5番目の粗糖精製会社を１３６億円で買収し、さらに最後に残った地元の粗糖精製協同組合を１２０億円で買収する作業を実行している。この結果、オーストラリアの粗糖生産は、シンガポール企業と中国国営企業により支配されることになった。このため、日本の粗糖確保に黄信号が灯り始めていること、また供給元の外資寡占状態の影響で価格が高騰していることを認識すべきである。そして、将来的にこの価格高騰が、商品に転嫁され消費者が負担をすることになる。

中国は食料分野において、今までは小額の企業買収、資本参加、合弁などを進めてきた。数億円程度の規模であったが、今後はいっそう積極的かつ大胆に、アグリビジネス、食品加工のみならず、物流事業、品質検査、Ｒ＆Ｄ機関への直接投資を進めてくるであろう。投資金額もそれに従って、強大化していくと思われる。

もちろん韓国、タイ、シンガポール、マレーシアなどが、この分野でも直接投資に参入している。そして、過去には投資案件も少なく、金額も比較的小額なものが主であったが、中国と同様最近は件数も多くなり、金額も巨大化している。アジア諸国による貿易、投資の拡大は、この10年の間に急速に進展した。そして特に過去3年間に、これらの国の対豪直接投資が脅威的に進んでいるのである。日本が半世紀の年月をかけ強靭な日豪関係を作り上げてきたが、アジア諸国はそれをもっと短い期間に、猛烈なスピードで対豪関係を構築しているのである。そして、この傾向がこれからの数年、いやもっと長い間継続し発展していくであろう。

オーストラリアの経済は、完全にアジア諸国に飲み込まれている。ここ数年の急激かつ急速な変化である。5年前の状況把握では遅いのである。ましてや、10年前の状況は過去の歴史で参考にならない。この数年の変化、そしてそれが近未来にどのように発展し、その影響が日本にどのように及ぶのかをシミレーションし、状況をしっかりと把握し、国家戦略を再構築しなくてはならない。

肥料原料の争奪

数年前、肥料価格の高騰で農業に大きな影響を及ぼし、将来の食料確保に関しての大きな課題が投げかけられた。そしてこの課題が、今日深刻な現実問題として大きくクローズアップされている。

２０１１年11月には世界の人口が70億人を突破した。世界の人口急増や新興国の経済発展で肥料の需要が増え、原料のリンやレアメタルの一種であるカリウムをめぐる国際的な争奪戦がすでに始まっている。

食料の生産には肥料が不可欠である。世界の人口は、2050年には92億人に達すると予測され、同じ面積で多くの作物を作る必要性がいっそう高まる。このため肥料需要は、これから爆発的に増えるであろう。これだけでも肥料価格は高騰する素地があるが、資源の偏在もこれに拍車をかける。

窒素、リン酸とカリウムが肥料3大要素である。しかし、工業的に製造できる窒素肥料以外は、鉱山資源が頼りである。リンとカリウムの上位3国で、世界産出量の6割あまりに達する偏在ぶりである。特にリン鉱石の産出量は、中国がトップで世界の3割を占め、レアアース（希土類）に加えて輸出規制を強めている。これは、急増する国内需要を長期的に確保するための国家戦略である。

国際的な資源獲得競争の中で、日本では原油、石炭、鉄鉱石や食料価格の高騰に目が向いているが、国際的には肥料も同じように重要視されている。米国地質調査協会が戦略的物質として、金や銅のほかに肥料に必要なリン鉱石とカリウムを挙げている。すでにリン鉱石、窒素、カリウムは、ここ数年で2～5倍も価格が上昇している。

中国に限らず、中国に並ぶ世界最大のリン鉱石の生産国である米国は、すでに輸出を禁止している。ロシアなどでも産出されるが、国際的に品薄状態が続いており、今後さらに入手困難になれば、中国や米国以外の国も自国の農業のために禁輸措置に動く可能性もある。そうなれば、日本の農業は窮地に立たされる。

日本の農業は縮小傾向にあるとはいえ、農業生産には肥料は欠かせず、安定確保が課題である。無農薬、有機農業は、まだまだこれからの発展に期待せねばならない。日本は、リン酸もカリウムも原料をすべて輸入に依存している。日本のリン鉱石の輸入は、年間約72万トンで、中国がその40％近くを占め、残りの主な供給国は、ヨルダン、モロッコ、南アフリカである。アメリカは2000年以降、エネルギー資源、レアメタルなど同じく、国内需要を満たすことを最優先とする国家戦略をとり、輸出規制を敷いている。2008年の肥料価格暴騰以来、日本企業は資源確保に積極的に活動している。三井物産は、日本企業としては初めて、ペルーのリン鉱山の権益確保に乗り出した。住友商事などほかの商社もカリウムの権益確保を探っている。しかし、他国と比べて後手に回っているケースが目に付く。

このような状況下、資源メジャーが目を付けないはずはない。英豪資源大手のBHP・ビリトンがカナダ肥料大手に約400億ドル（約4兆円）規模の敵対的な株式公開買付け（TOB）を仕掛けた。カナダ政府は国益に反するとして、国内法に基づきTOBをいったん拒否したが、最終的には認可した。資源権益確保の活動は継続し、供給の寡占化がいっそう進んでいくであろう。

つい最近、インドの大手肥料メーカーが、北部準州に眠っているオーストラリア最大といわれるリン鉱石鉱山の新規開発事業に参入を表明した。これは、インドにおける驚異的な人口増による食料需要の急増に対処するものである。国内での食料生産拡大のためには、肥料の確保が不可欠である。インドの将来を見据えた戦略的資源確保のための行動である。

また、中国最大の肥料会社が、西オーストラリアにある豪州最大のアンモニア生産会社、バラップ・ファーティライザーの取得に乗り出している。約1000億円の買収で、この会社は硝酸アンモニウムの製造施設を建設中である。硝酸アンモニウムは、肥料や爆薬の原料に使用される。また、2年ほど前に約3000億円でオーストラリアの農薬製造会社の買収を試みたが、オーストラリアの外資審査庁が待ったをかけ、現在は仕切り直しの状態である。中国は、今後の拡大する農業生産を鑑みて、そのための肥料、農薬の安定供給体制を取る周到な戦略を実行し始めている。

オーストラリアには、リン鉱石の豊富な埋蔵量が存在する。また、カリウムについてもオーストラリアには開発を待っている資源が眠っているといわれている。日本ではこのオーストラリアの将来性に関して十分認識を深めていないが、アジア諸国はすでにこのことを学習し、認識して早期に手を打って出ている。日本は出遅れてはならない。

これからの資源争奪戦

これらのアジア諸国が、今後いっそう発展するための鍵をオーストラリアが握っていることを十分に認識し、このところ積極的に国を挙げオーストラリアに接近している事実がよくわかる。そして、オーストラリアとの間に自由貿易協定、経済連携協定を締結する作業を進めているのである。タイ、シンガポール、アセアン諸国は、すでに豪州との間で自由貿易協定を結び、発効させている。このことによってオーストラリアからこれらの国々に輸出される商品に対する関税は、基本的にゼロになり、対日本と比較して有利になるということである。つまり日本はアジア諸国より高い買い物をしなければならない状況に立たされるということである。

また、日本が資源供給リスク軽減のために供給先の多様化を図るのと同じく、オーストラリアも売り手市場の状況にある資源の供給先を多様化することを目指しているのである。このような事情で、日本の資源確保は、すでに厳しい競争に直面している。豪州は現在、中国、韓国、マレーシア、インドネシア、インドなどとも自由貿易協定締結に向けての作業をしている現状を鑑みると、今後さらに厳しさを増すことは自明である。そのために日本は、今までの資源確保に関する意識改革を早急に図り、日豪関係の互恵関係を真摯に再構築する必要がある。

加えて、資源供給に関しては、鉱物資源、エネルギー資源、食料資源の分野において、グローバルな資源メジャーがその影響力を行使している。アジアを中心にした新興国での急速な経済成長による、資源需要の拡大が売り手市場の状況を作り出している。ここ数年の推移を見ても、資源価格は軒並み高騰している。わずか半年で50％高騰したり、ここ1年で価格が2倍になったりすることが日常茶飯事的になりつつある。資源メジャーは収益力をいっそう高め、積極的なＭ＆Ａ戦略と巨額な新規開発資金の投下で、ますます強大化し寡占化を強めている。

鉱山資源のメジャーでいえば、ＢＨＰ・ビリトン、リオ・ティント、アングロ・アメリカンなど主にイギリス、オーストラリアの資本。食料関連のメジャーは、カーギル、ブンゲ、ルイ・ドレイファスなどのアメリカ資本による価格交渉力が強くなっている。たとえば鉄鉱石、石炭に関して、従来1年ごとの価格設定から、買手の事情を無視し、一方的に半年ごとの価格交渉に変更し、そして毎月の価格交渉を新たに提示してきたことによく表れている。そのため、資源の買手、ユーザーである電力会社、鉄鋼メーカーなどは翻弄されている。終局的には、一般消費者に価格転嫁という付けがまわってくる。

一例を取ってみても、売り手市場の状況が明らかである。鉄鋼の原料である鉄鉱石、原料炭の値段は、この数年の間に何倍にもなっている。たとえば、原料炭の値段は、２００７年当時トン当たり１００ドルで移行していたのが、その後急激な高騰で、現在トン当たり３００ドルを超している。4年の間に3倍になっている。日本は年間８０００万トンの原料炭を輸入している。２００7年当初と比較して、鉄鋼メーカーにとってトン当たり２００ドルの負担増になり、合計1兆６０００億円の負担増である。気の遠くなる金額である。そして、鉄を大量に使用している建設、自動車、造船、家電、機械などの産業にこの負担増がのしかかってくる。最終的に消費者の負担が増大する。

石炭には原料炭とは別に、一般炭という燃料用の石炭を日本は大量に輸入していることをすでに述べた。この一般炭の価格もここ数年で何倍にも高騰し、過去半年の間にも価格はさらに上昇している状況である。この半年だけでも、価格高騰による電力会社の負担増は、１兆円を超えるといわれている。電気料金の値上げという付けが国民に回ってくる。電気料金の値上げとなると一般家庭への影響はもちろん産業界にもそのしわ寄せが及ぶ。

すでに紹介したように日本は世界で最大の塩輸入国であるが、国内でも全体需要の14％に当たる１２０万トンほどを生産している。前章でも述べたように、日本では塩水を窯に入れ、石炭を焚いて作っている。このため燃料費が生産費の30％を占めている。その燃料費が高騰しているので、塩の値段も引き上げざるを得ない。そして、塩を大量に使っている味噌、醤油、漬物や加工食品の価格上昇の原因になる。燃料炭価格の高騰によって、影響はこんなところにも出てくるのである。石炭、鉄鉱石の価格高騰だけでも、例を挙げれば限りがないほど国民生活のあらゆるところに影響が出てくる。

大部分海外に依存しているほとんどの資源が、大小の差はあっても価格上昇が顕在化、日常化しているのである。特にここ数年の急激な変化に要注意である。これらの価格上昇の追加負担に、日本の産業は果たして対応できるのであろうか。これからこの価格上昇の付けが、消費者に回ってくる。生活必需品、耐久財、食べ物、日常雑貨に至るまで価格上昇は避けられない現実になる。

また、世界の金融緩和政策の産物として、世界に有り余る資金が、これら資源の先物商品市場に流れ込んでいる。需要の急増や不作、自然災害だけでなく、投機という曲者が、資源価格に大きな影響力を及ぼしているのである。

以上のように日本が、産業や社会生活を維持し発展させるためには、オーストラリアの天然資源に今後とも大きく依存せざるを得ないことを、十分理解していただいたと思う。しかも、これらのエネルギー資源、鉱物資源、食料資源のすべてにおいて、中国が急激な国内経済発展で要求される需要を満たすために、オーストラリアでその資源の取得に国を挙げて取り組んでいるということも認識していただいたと思う。それは、１９５０年代に経験した日本の高度成長期の勢いを、はるかに超越するものである。このアジアの覇者の行動は、あまりにも急で、しかも１００兆円規模の巨額の資金が、これから世界の資源確保のために動くのである。

加えて、韓国、インドなどの諸国も、自国の高度経済成長を促進させるために、同じくオーストラリアの資源確保にまい進しているのである。そして、資源メジャーの強力な影響力、余剰資金の暗躍などにも注視しなくてはならない。資源の確保、リスク管理の重要性が、今ほど求められる時はない。そして資源価格の高騰により、企業はいっそうの経営の合理化、コスト削減などを実行していかなくてはならない。消費者にもこの付けが回ってくることは自明である。そして国内の製造産業のさらなる空洞化が深刻になる。その結果、雇用にも大きな影響が及び、失業率の上昇、国民所得の減少、消費の減退、生活の崩壊、経済の崩壊というような悪夢のスパイラルに落ち込まないように万全の対策が必要とされる。

このような状況下、果たして日本は生き延びることができるのか。生き延びる可能性のためにも少なくとも今一度、日豪関係の再構築を図り、協力、協働関係を密にすることが最低限不可欠である。また、生き延びるためには、生産性の向上、技術革新、リストラ、海外移転などをよりいっそう進めなくてはならない。そして、国運を賭けてアジア・世界戦略を再構築することが緊急に要求されている。この変化は、待ったなしである。

二、日本の投資と今後の課題

そこで、資源確保の試金石にもなる日本のオーストラリアへの直接投資について過去、現在を検証し、その未来を占ってみる。

日豪の経済関係のスタートは、１８００年代にさかのぼるが、その中心になったのは羊毛貿易であった。それが第二次世界大戦終了まで続いた。一部真珠の養殖で間接的に関係をもった人もいたが、オーストラリアは一般の日本人にとってはまったく未知の国であった。もちろんオーストラリア人にとっても同じようなことがいえる。しかし、第二次世界大戦後半に日本軍がダーウィンを空爆したり、シドニー湾に日本の潜水艦が出没したりしたことによってオーストラリア人は、日本という国に恐怖感を抱いた。まさか遠い北の小国が、オーストラリアまで攻めてこないと多数の人は思っていたのだろう。その意味で日本に対する関心が強くなった。

戦後、日本の驚異的な復興と高度成長にともなってオーストラリアとの関係が急速に緊密化することになった。日本の高度成長に必要な鉱物資源が、オーストラリアには無尽蔵に存在した。オーストラリアも鉱物資源を開発し、その大部分を日本に輸出することにより成長し、高い生活レベルを謳歌するようになる。ここに日本とオーストラリアの補完関係が確立した。鉱山資源にとどまらず、日本の生活向上に必要な食料資源の多くをオーストラリアから供給されることになる。このことは本書の第一章でその背景を説明したとおりである。

その日豪関係は、1960年頃までもっぱら原料、資源の貿易関係であったのが、その後、徐々に日本の企業進出に発展していく。特に商社の役割が大で、まず商社がそれまでの羊毛買い付けから取扱商品を多様化させ現地支社、支店、駐在所の拡充を行った。一部メーカーも進出するようになり、販売網、サービス網の確立をしていった。金融、証券がこれに追従した。しかしまだ日本企業による現地企業への直接投資、企業買収、現地企業との合弁事業などは顕著ではなかった。

1960年中頃になると、鉱山事業に日本の直接投資のはしりを見る。三井物産が、クイーンズランド州における石炭の開発に係わる合弁事業に投資をした。その後、ほかの商社も鉄鉱石、ボーキサイト、銅、石炭などの資源確保のため、合弁事業での投資を推進したり、現地資本に参加したりするようになる。鉱山事業、エネルギー開発の日本の投資に関しては、商社が主役であったが、事業の支配が目的ではなく、最小限の投資で、あくまで資源の長期確保が目的であった。その後、現地開発事業、合弁事業において、現地企業の過半数を取る投資も増えくる。

その後、エネルギー分野においての日本の直接投資は、商社のみなら

写真 3-2　石炭の露天掘り風景

ず、商社と電力、ガス会社、さらには電力、ガス会社が独自に、原料、燃料の確保を長期にわたり確実にするため、直接投資をするようになる。たとえば、西オーストラリア州における液化天然ガスで、東京ガスと関西電力が、ティモール海でのガス田の開発に、東京電力、東京ガス、大阪ガス、インペックス（国際石油開発）が、クイーンズランド州での出光興産による石炭鉱山の買収など。さらには事業関連会社、たとえばプラント建設・管理の千代田化工、重量機械器具メーカーのコマツなどが進出していく。

１９７０年代になると、鉱山、エネルギー分野から畜産、羊毛、水産分野でも投資が進み、商社が日本企業の積極的な投資の先導役を果たした。畜産事業に直接投資を始め、商社の進出がメーカーの進出を誘引した。麒麟麦酒が、西オーストラリア州でのモルト生産に、日本ハムがクイーンズランド州にフィードロット、食肉処理施設を、雪印乳業がビクトリア州で酪農製品事業に進出した。これら日本企業の進出は、基本的に日本市場のための現地での原料、エネルギー、食品・食料の確保のために行われた。１９８０年代になると、自動車関連で日本企業による大型買収が実行された。三菱自動車による現地クライスラーの買収、ブリジストンによるユニロイヤルの買収などである（トヨタ自動車は、１９６３年メルボルンで海外初の自動車生産を開始し現在も継続している）。

日本の高度成長、国際競争力、輸出の拡大、海外債権の増大などで日本の円が強くなり、日本の海外投資が積極的に実行されるようになる。そして、オーストラリアにもその強い円が流入するようになる。日本のバブル経済期になると、不動産、土木建設、観光、サービスなどの分野で、直接投資が活発になり、破竹の勢いでオーストラリアの資産を買いあさるようになる。金あまりの結果、あらゆる産業での資産運用としてオーストラリアへの投資が進行した。日本企業の右にならえ、極端にいえば猫も杓子もこの資産運用に便乗し、オーストラリアにとって１９８０年代は日本の投資の最たる時期であった。あまりにも急激かつなりふり構わない日本の行動、不動産の買いあさりが批判、非難を呼び、人びとに脅威を与えることになった。特にクイーンズランド州では、〝黄禍〟とし地元のマスコミも連日、日本たたきの報道をした。現地での不動産価格が高騰し、マネーゲームにオーストラリアの企業、国民が大変な迷惑をこうむったのも事実である。オーストラリア人の間では、このままでは日本の経済植民地になると心配した人が多くいた。

１９９０年代初頭、日本のバブル経済がはじけてから、それまで行われたこの分野でのオーストラリアへの投資を引き上げる企業が相次ぎ、不動産価格などは暴落し、特に１９８０年代に不動産投資をした企業は、軒並み大きな損を甘受せざるを得なかった。しかしながら、不動産、サービス分野以外では、バブル崩壊後も日本企業の直接投資は続けられた。

１９９０年代中頃になると、日本市場向けのみならず、オーストラリア国内やアジア諸国の市場をも視野に入れた進出に移行していく。たとえば、ヤクルトが現地市場の需要を掘り起こすためにビクトリア州で生産拠点を設立。東南アジア市場向けに雪印乳業が、幼児用粉ミルクの生産をビクトリア州で。また伊藤忠商事も同州で現地企業に資本投下し粉乳施設を新設。日本ハムがクイーンズランド州でオーストラリア国内市場を視野に入れた養豚事業を。また、キリン・ビバリッジが国内の乳飲料、乳製品メーカー、食品加工メーカーの大型企業買収を実行した。

最近においては、２００９年にアサヒビールが、キャドバリー・グループの飲料事業部門シュウェップスを約１０００億円で買収。キリンがオーストラリア第2のビール会社、ライオン・ネイサン（フォーレックスやトゥイーブランドで有名）を60億ドル（約6000億円）で買収した。日本製紙が現地の紙・パルプメーカーを買収。住友林業が、オーストラリア第4位の住宅メーカーの株式を50%取得し、本格的にオーストラリアの住宅事業に参入する決定をした。住友商事は、西オーストラリア、パース近郊にあるクィナナ発電所を保有・運営する事業会社の権益70%を取得し、豪州において初めて発電事業経営に参画を開始した。また、丸紅と大阪ガスは、風力発電事業を運営している会社の80%の株式を取得、南オーストラリアにおいて風力発電施設63基を建設、2011から商業運転を開始している。両社にとってこれは初の風力案件である。富士通は、オーストラリアの通信会社テルストラ社と同社の子会社であるITサービス企業カズ社の全株式を2億ドル（約200億円）で取得した。この買収により富士通は、オーストラリアIT市場において売上高第3位、従業員約5000人を有するIT企業を翼下に収めた。

2010年になってもこの勢いは持続して、日本の直接投資は拡大した。日本の内需型産業による豪州への直接投資が、引き続き活発化している。カゴメによる豪州最大手の生トマト加工販売メーカーなどの買収、積水ハウスによる豪州住宅開発会社の請負建築部門の買収のほか、住友化学が豪州の大手農薬会社と包括提携する案件などが続いた。加えて保険会社、銀行、証券などによる現地企業取得も進んだ。

このように健全な日本の直接投資は、今後も順調に進んでいくだろう。円高もこれに拍車をかける。特に日本が必要としている原料（鉱山資源、エネルギー、食料など）が豊富で、競争力がある。政治が安定し、治安が良い、投資の受け入れに積極的、先進国で一番成長しているなど、インペックス（INPEX）がこの5年間に3兆円に上るLNG開発を西オーストラリア州、北部準州で展開していることに見られるように、長期的な投資戦略をもった企業の進出は続くであろう。バブル期の二の舞を演じることのないよう現地にとっても利益のある、地元の感情を十分に考慮に入れた進出を考えてほしい。日本は、今日の成熟した日豪関係を築き上げるために半世紀を要した。それを新興国の中国やインドは5年以内、いや数年以内に確立しようと必死になっていることを、ここでもう一度喚起しておく。国を挙げての資源確保という大儀のために採算を度外視した投資も見受けられる。このようなアジアの国々を相手に、日本はオーストラリア資源争奪戦を、果たして勝ち抜けるのであろうか。日本の国運がかかっている。

三、オーストラリアの外資導入

海外特にアジアからの直接投資が急激に増加している状況下、その全体像と外資導入に関するオーストラリア政府の対応について簡単に説明しておく。

オーストラリアにとって、国内での貯蓄水準が、日本やほかの先進国と比較して伝統的に大変低い。このため、海外からの資金調達がどうしても必要である。特に、資源開発、経済発展、国際競争力の強化などには、外資導入が不可欠である。そのため、特に1970年代以降は、外資導入が活発化している。連邦政府、州政府とも投資、企業誘致には積極的で、日本サイドにもエールを送り続けている。連邦政府は、投資の促進のため企業誘致、投資を専門に推進する組織を作り、積極果敢に攻めている。州政府もまた、そのために知恵を絞っている。

外国からの直接投資に関しては、連邦所轄の外資審査庁（FIRB）があり、投資に関するガイドライン決め、審査している。その概要を簡単に説明すると次のようになる。

事前届け出を必要とする外資投資案件は、以下の通りである。
・2億3100万豪ドル以上の資産価値をもつ豪州企業に対して、15％以上の権利取得
・豪州での資産額が、2億3100万豪ドルを超える外国企業の権利取得(1)
また事前に届け出と認可が必要な場合の例として、次のものがある。
・外国政府、同関連機関による直接投資（金額にかかわらず）
・5000万ドル以上の商業物件（既存のビル、ホテルなど）の取得
・メディア（新聞、放送）分野で、5％以上の取得（金額にかかわらず）
これ以外にも、空港、航空会社、船舶、港湾、通信などの分野への外国の投資に関しては制限があるので注意が必要である。

過去の例を見てもほとんどの直接投資に関して許可が下りている。ただし、不動産がらみの投資に関しては厳しい規制がある。既存の不動産物件（商業ビルは5000万ドル以上のもの、土地、住宅物件、宿泊施設については額にかかわらず）を購入する際は前もって申請し、承認を得る必要がある。

外国人による不動産取得に関して、基本的に都市部にある既存の住宅物件は取得できない。ただし、外国企業の現地事務所は、その駐在員の居住用に住宅を購入できる。新築住宅に関しては申請をして、許可されれば購入できる。また、更地の土地も購入できる。ただしこの場合、24カ月以内にその用地の上に住宅を建てなければならない。例外として、外国人に売却可能指定のリゾートにある既存の住宅に関しては、それまで指定分の5割制限が解除され、今日では外国人が自由に購入できる。

また、外国人であっても現地に居住していれば、申請をして許可を得れば、自分の居住用としての使用

に限定して、住宅を購入することができる。また、退職者で現地に長期滞在する人などは、現地にいる間自分の住む住居を購入できる。しかし、現地から帰国する時にはそれを売却しなければならない。借家にして賃料を得ることはできないので注意する必要がある。宿泊施設などが含まれる観光開発への投資は、投資金額にかかわらず慎重に審査される。農地、農業物件に関しては、2億3100億ドル以下であれば購入できる。概略は以上のようであるが、外資に関するガイドラインは、時代の要請や、国内事情で変更があるので、常時情報収集が大切である。また自由貿易協定が締結されると、日本の対豪投資基準の緩和で、日本の直接投資はいっそう活発になるであろう。

ほとんどの投資案件は許可されているが、その投資が国内市場を独占したり、寡占状態になるような場合は、その投資内容、条件の変更が要求されることがある。現実、最近のアサヒビールによる、オーストラリア国内の飲料メーカーの買収に関しては、すでにアサヒが国内第2の飲料メーカーを買収しており、それを考慮すると国内の飲料市場の寡占が起きることになる理由で不認可になったが、一部内容の変更で最終的には許可になった。また、最近急増している中国からの直接投資に関しては、中国企業のほとんどが国営であることから、外資審査庁の審査がともなうので、政治的な判断で直接投資の案件が不認可になるケースもある。だから、野放図に中国からの直接投資が急増することはないであろう。現に、中国からの直接投資で投資条件、内容の変更が要求された案件がある。

日本でも中国人による土地、建物などの取得が一般人の知らないうちに増えている。これに関して日本国民は、神経質になっている。同じことがオーストラリアで起きている。最近ではメディアでもこの問題が取り上げられている。急激に進行している中国の直接投資にオーストラリアの国民は敏感になり、懸念を表明し、外資審査を厳しくするように要求している。

日本を含めアジア各国は、今後とも対豪直接投資を積極的に進めるであろう。資源確保の観点から、直接投資はそのカギになる。より多い、効果的な、戦略的な直接投資が、これからますます厳しくなる資源争奪戦の勝敗に大きな影響を及ぼすからである。

ちなみに、２００８年度の外国の対豪直接投資は、５兆６０００億円相当であった。イギリスが全体の31％（１兆８０００億円）、アメリカが20％（１兆１０００億円）で、日本は3番目の11％（６０００億円）であった。２０１０年には6兆５０００億円を超えた。直接投資は過去5年で50％の高い伸びを示している。

２００９年におけるオーストラリアに対する外国の直接投資残高は、全体で43兆６０００億円相当で、内訳は25％が鉱業分野、19％が製造業、商業が15％で金融が14％などとなっている。投資国は、アメリカが約10兆円で全体の23％、次いでイギリスが6・3兆円で全体の約14・5％、3位の日本が全体の約10％で、4・5兆円になっている。4位以下はオランダ、スイス、ドイツ、シンガポール、フランス、カナダ、中国と続いている。直接投資残高においても、アメリカ、イギリスの地位は当分の間、不動であろうが、中国、韓国、インドなどのアジア諸国がすぐ上位に入ってくるだろう。２０１２年以降の統計には、それがはっきりと表れることが間違いない。

ところで、２００９年オーストラリアに投下された全投資額（直接投資＋ポートフォリオ間接投資）は、16兆円相当で、主なところアメリカが9・4兆円、イギリスが3・4兆円、オランダが1・3兆円、日本が1・1兆円、そして中国が８０００億円。同年のオーストラリアにおける外国による全投資残高は、１９０兆円相当で、内訳はアメリカとイギリスで55％、日本は5・4％（約10兆円）であった。

今後の傾向としては、歴史的なつながり、投資先としてのオーストラリアの優位性などを考慮すれば、アメリカ、イギリスの存在は強固に維持されるであろう。特に、アメリカ、イギリスの金融市場との緊密なつながりは、今後ともこれらの国からの機関投資が、大きな流れとして継続するであろう。しかし、アジア諸国との貿易・経済面での緊密化は、これからいっそう進展・進化するので、それにともなって直接あるいはアメリカ、イギリス金融市場経由でアジアからの機関投資は増加するであろう。また、アジアにおける高度経済発展によるエネルギー・鉱山資源、食料需要の急増に応えるため、主に資源確保の目的で資源大国のオーストラリアへの直接投資は、広範囲に拡張していくであろう。この辺の事情に関しては、日本では十分把握できないので、豪州市場での動向、豪州発信に注視し、それに準じた戦略の構築や立て直しを急ぐ必要がある。

注

（1）豪米自由貿易協定の発効（２００５年1月）により、米国企業によるセンシティブ分野（放送・通信など）以外での買収の場合、敷居額が２０１０年は、10億４００万豪ドルに設定されている（毎年、物価スライドで変更される）。

第四章　完熟した補完・互恵関係

日本の戦後の復興、経済の高度成長に必要な資源をオーストラリアが供給した事実は、裏を返せばそのためオーストラリアは、長い間日本という大きな、確実な市場を確保し、自国の天然資源を開発し、今日まで継続、拡大して輸出することができたのである。日本が必要なものをオーストラリアが供給し、オーストラリアが必要とした買い手、市場を日本が提供したのである。ここに、両国の緊密な経済関係ができ上がった。日本はオーストラリアの資源を加工して製品を輸出、オーストラリアは資源輸出し、製品を輸入するというハッキリとした相互関係ができ、両国の間に経済的補完関係が確立したのである。

一、高度に補完的な日豪関係

１９６０年代に確立した経済面での日豪補完関係は、今後も強化されるであろう。またそれが両国にとって有益、不可欠であることはハッキリしている。両国の関係は友好的であるが、より満足できる状態にするためには、今後も真剣に両国関係を構築する必要がある。貿易、経済が主流で発展してきた関係は、今後ほかの分野においてもさらなる発展が望まれる。日本にとってオーストラリアは国民生活、産業にとってライフラインであるが、まだまだ知られていない。オーストラリア人の方が、日本に関してより深い認識をもっている。このアンバランスを解消する努力が政官民全体で必要に思える。

すでに認識いただいたように、日本にとってオーストラリアは、欠かせないエネルギー、工業原料、食料の供給国である。過去40年以上、日本はオーストラリアにとって最良の顧客であった。オーストラリアの方が、日本に対して積極的にエールを送り続けた。それに日本も応えてきた経過は見逃せないが、日本の目や耳はややもするとアメリカ一辺倒の傾向が強かった。これは政府のみならず、官庁、実業界、市民に至るまで当てはまることである。また日本は、必要とする資源、食料をオーストラリアから容易に確保できるという安心感をもっていた。これまではそれで良かったかもしれないが、すでに警告したように、今後は必ずしも日本の思惑通りに進むとは限らない。オーストラリアにとって日本は、引き続き最重要国であることは変わらないが、日本が資源供給国の多様化を戦略としているように、オーストラリアにとっては、自国の資源を日本一辺倒に依存することは得策でない認識もあり、急速に発展を続けるアジア各国との連携を強めている。中国をはじめ、アセアン各国との関係の緊密化を積極的に進めてきた。この傾向は今後さらに強まってくる。オーストラリアは、戦略的な資源外交を展開してくるであろう。そのような状況下で、日本もより真剣に、かつ戦略的に日豪関係を再構築する必要がある。２００５年の安全保障協力に関する日豪共同宣言、現在進行中の日豪自由貿易協定締結交渉は、そういう意味で重要なステップである。

繰り返しになるが、今一度日本とオーストラリアの緊密な経済関係を検証してみることが大切である。日本は、オーストラリアにとって、長い間最大の貿易相手国であったことは何度も述べた通りで、また長年にわたって最大の輸出市場であった。オーストラリアの対日輸出額は、2007年に318億豪ドル（3兆1800億円）に達した。この年オーストラリアの対中輸出額と対米輸出額を合わせた額に匹敵した。2010年の実績は、435億豪ドル（4兆3500億円）に膨らんだ。

オーストラリアは、世界で3番目に大きな鉱物およびエネルギーの供給国であり、日本のエネルギー資源需要に大きく貢献する国である。日本経済の活力にとって、オーストラリアからの鉱物およびエネルギー資源の安定供給は、不可欠である。日本は、鉄鉱石および石炭需要の60％以上、天然ガス需要の20％、そしてウラン需要の35％をオーストラリアに依存している。さらにオーストラリアは、日本にとって亜鉛、アルミ地金、鉛、珪砂、チタン鉱物およびジルコンという6種類の主要鉱物の最大の供給国となっている。オーストラリアは数多くの鉱物およびエネルギー資源について世界最大の確認埋蔵量を誇り、世界最大の資源供給国のひとつで、先進国では数少ない資源の純輸出大国である。

オーストラリアが輸出している高品質かつ安全な食料も日本にとって重要である。日本の食料自給率は、カロリーベースで約40％という低さであり、この自給率を引き上げること、安定的かつ信頼できる食料を確保することは、日本の重要な政策である。日本はその農産物輸入の31％を米国に依存しているが、中国やオーストラリアに対する依存度を高めている。今後はこの傾向がさらに増してくるだろう。日本はこの分野においても、オーストラリアにとって最大の顧客で、オーストラリアは全農産品輸出の20％以上を日本向けにコンスタントに供給している。

一方、日本にとってオーストラリアは、重要な輸出市場である。日本の対豪輸出額は、2007年に1兆5000億円、2010年には、1兆8200億円になった。オーストラリアは、重要な工業製品を日

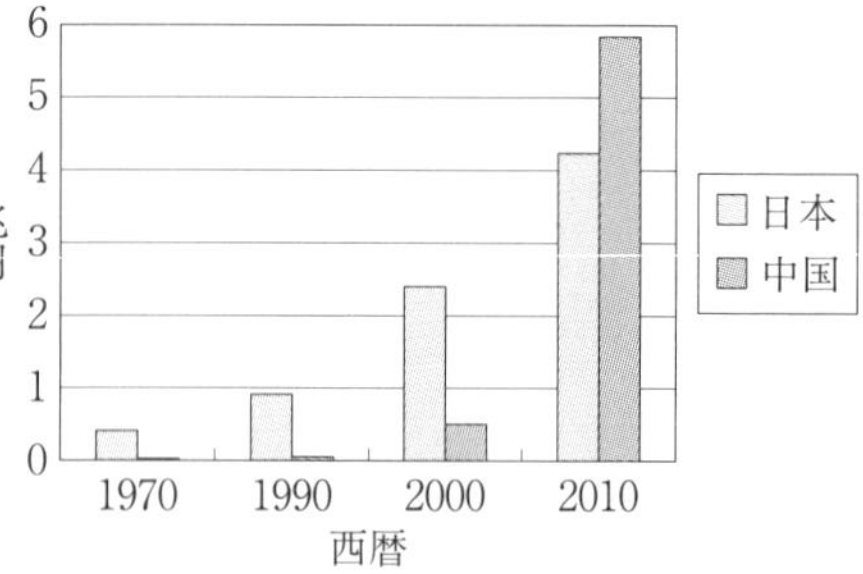

図 4–1　日本と中国の対豪輸入額

本に依存しており、特に、車両、運輸部品、建設、通信、精密機材、加工機械などの多くを日本から輸入している。路上には日本車があふれ、どこの工場を視察しても日本製の機械、設備を目撃する。オフィス、一般家庭をのぞいてみてもそこで使われている電子、電化、光学、音響製品などについては、日本のブランドが占めている。もちろんこの中には、自動車のように、日本のメーカーによってオーストラリア国内で組み立て、製造されたものも含まれている。また、最近の傾向として、日本のメーカーが人件費の安い中国、東南アジアなどに製造拠点を移しているので、それらの国から日本メーカーの製品が、オーストラリアに輸入されている。結果、日本からの直輸入は減少し、この傾向は年を追うごとに強くなってくるであろう。しかし、これらの製品の原料をオーストラリアに大きく依存しているのである。

日本の対豪貿易は、過去40年間日本の大幅な入超が継続しているが、この傾向は将来、このような理由でさらに拡張するであろう。ここで図４－１を見てほしい。過去40年のオーストラリアからの日本の輸入は、コンスタントに右肩上がりである。一方、中国の輸入は２０００年以前ほとんど存在しなかったが、２０００年か２０１０年までの10年で10倍以上の狂信的な伸びを示している。この事実を直視しなければならない。

サービス貿易も両国間貿易の重要な要素である。特に観光、旅行は両国にとって重要な市場である。日本からはオーストラリアに年間約40万人が訪れている。これはニュージーランド、イギリスに次いで３番目に多い。観光が主であるが、近年は留学、仕事、交流での訪問が増えている。教育分野に関しても、両国の交流が進化するにしたがって、日本からのオーストラリアへの留学が増加している。日本人の留学生は、20年前わずか1000人であった。今日では3万人の日本人が、オーストラリアで長期に勉強をしている。オーストラリアにとって旅行、留学からの収入は、2009年には全体の外貨獲得の15%（約4兆5000億円）を占めるまでになっており、今後その重要度が増していくだろう。

オーストラリアからの訪問客もこのところ毎年増加している。特にオーストラリアの夏場、日本の冬季、雪質が大変いい北海道のニセコスキー場にオーストラリアから多くの観光客が訪れている。その数は7万人以上にもなっている。ここでは、宿泊設備などにオーストラリアの投資が顕著である。全体で年間約30万人がオーストラリアから日本を訪れている。つまり人口比では、日本人がオーストラリアを訪問するより、オーストラリアからの訪問者の方がはるかに多い。オーストラリアも日本も先進国であり、1人当たりの所得も高く、高度で競争力を備えたサービス産業を擁し、成熟した経済関係を有するため、この分野の貿易が拡大する余地は大きい。

またオーストラリアにとって日本は、アメリカ、イギリスに次ぐ3番目に大きな投資供給国であり、2009年末時点の対豪全投資残高（直接投資＋ポートフォリオ間接投資）は約10兆円で、これは全体（190兆円相当）の5・4%である。ちなみにアメリカとイギリスで55%を占めた。日本の対豪投資は今後増えるであろう。

これに対してオーストラリアの対日全投資残高は、2009年末時点で約3兆2000億円であった。これは海外から日本への総直接投資の0・5%にすぎない。また、オーストラリアの対外投資の2・8%である。日本の経済改革や規制緩和により、オーストラリアの投資家も日本に顕著な額の投資を行うようになってきた。今後は金融、サービス部門に限らず、ほかの分野での投資が増えるであろう。

２００７年4月から始まり目下、交渉中である自由貿易協定の締結を通じて、日本は、域内における主要なパートナーであるオーストラリアとの関係を大幅に強化することができるだろう。貿易、投資の障壁が軽減され、両国のビジネス活動がそれぞれの国においてより容易になり、幅広い分野での交流がいっそう促進されるであろう。日本とオーストラリアは、ＡＰＥＣ、東アジアサミットやアセアン地域フォーラムの主要メンバーで、アジア太平洋地域の市場経済をリードするとともに、民主主義の下で、テロとの戦いや核拡散防止に果敢に取り組んできた。オーストラリアは、日本の国連安全保障理事会常任理事国入りを強く支持しており、両国の良好な関係は、東アジア地域全体の安定と繁栄に大きく寄与している。両国のパートナーシップの象徴である「日豪通商協定」締結から50年以上を経て、日豪自由貿易協定の早期締結が、両国をより強固に結ぶ絆になると思う。

二、その将来――進化した協力関係

これまでのような通商での補完関係つまり、日本が要求した原料、食料をオーストラリアが供給し、オーストラリアが必要とした工業製品を日本が供給する関係から、もっと広い分野でより深い補完・協力関係の構築が期待される。しかも、より進化した補完・協力関係は、単に二国間にとどまらず、第三国、地域を抱き込んだ協力関係の確立も目指すべきである。また、経済、ビジネスのみならず、広範囲な協力関係の可能性を追求すべきである。たとえば次のようなことがいえる。
・日本、オーストラリア両国は、巨額のＯＤＡ予算を毎年計上している。このメカニズムを利用して、たとえばオーストラリアの進んだ乾地農業技術を中近東向けに。同じように日本の世界最先端の水処理技術をオーストラリアのＯＤＡで南太平洋の諸国へ。
・両国は急速に高齢化社会に突入している。高齢化社会における生活習慣病、アルツハイマー、鬱などに対応するため両国それぞれの得意分野を持ち寄り、より効果的、経済的な協力を促す。鬱、アルツハイマー対応に関してオーストラリアは進んだソフトを開発している。
・両国間での資格、検定、高等教育機関での習得単位などの相互認証の確立。両国の交流がより促進され、将来のより深く広範囲に及ぶ21世紀の補完関係の構築に大いに役に立つ。
・日本のロジスティックは、グローバル対応である。そのデータ処理、発送、ドキュメンテーションなどのために処理・管理運営コストが低廉で、進んだ処理能力、ソリューション・ソフトをもっているオーストラリアに移転する。そこで、より競争力のある効果的な世界対応ができる。銀行、金融、保険、証券、船舶、建設などの分野では要検討事案である。
・世界の人口が今後急増すると予測されている。２０１１年10月、世界の人口は70億人を突破した。世界的な食料不足で、発展途上国での餓死がより深刻になる。食料需要は、今後いっそう増大していく。オーストラリアの低廉な農地、生産コストを利用しての第三国向けの食料生産。日本は、資金、マーケット、オーストラリアは土地、生産設備、技術、管理を提供する。また、オーストラリアが、日本のＪＩＣＡと第三国で協力できる余地は大いにある。

・日本ではオーストラリアの医療分野（治療研究、製薬、臨床あるいはR＆Dなど）に関する知識は実に乏しい。オーストラリアが世界をリードしている医療分野がある。日本の製薬会社が、オーストラリアの病院と協力して臨床実験をしたり、共同で製薬を開発したり、合弁でR＆D事業を構築したり、医療従事者の交流・交換、資格・規格の相互認証の研究促進など、両国の強みを発揮し、今後の緊密な協力関係の構築が望まれる。

・サービス部門では、従来観光、教育分野が注目を浴びていたが、金融、建設、エンジニアリング、法律、福祉、医療などの分野でも相互の市場での協働体制が組める。特にオーストラリアは200カ国以上の国から移民で成り立っている国、その強みは多文化・多民族・多言語に対応できる人材、ノウハウの豊かなストックがある。日本は、アジアでの協働活動でこれらの財を生かした協力体制の幅を広げるべきである。

以上はほんの一部で、今後のより洗練され、高度な両国の補完・協力関係はもっと広範囲な分野で十分に可能である。もちろん、今後の協力関係を構築するため、その基本となる両国のさらなる情報の交換、流布、交流が必要である。それも一過的、短絡的な努力のみでなく、政府、団体、民間すべての緊密なネットワーク、システムの構築が大切である。政府においては従来の縦割り行政ではなく、横の連携を密にした全政府対応が必要である。

三、日豪の新しい協働関係の構築

これまでの成熟した補完関係は、時代の要請で変化している。日本は、高度成長の時代から、安定成長の時代で、急速に少子高齢化が進行している。それに従って、総人口の減少が始まり、結果労働者人口も減少し始めている。一方で世界第2位の債権国、強い円。そのため、製造拠点の海外移転による国内産業の空洞化、高齢化社会による医療、年金などの負担が急激に増加している。

オーストラリアは、ここ数十年資源開発が順調に進み、世界で有数な資源大国に成長している。移民の促進で、人口成長も先進国の中では高い。毎年の経済成長率も先進国の中で抜きんでている。また、多民族、多文化国家として発展している。

一方日本の低成長をしり目に、前章で解説したようにアジア諸国の高度成長は、目を見張る勢いである。エネルギー・鉱山・食料資源に対する需要が急速に膨張している。中国は、日本を抜いて世界第2位の経済大国になった。中国の外貨準備高も日本を抜き、世界最大の債権国に成長した。これに、韓国、インド、マレーシア、インドネシアなどが追従している。これらの国々においては、急激な資源需要が拡大している。過去日本の高度成長期の比ではない。オーストラリアの資源にハゲタカのごとく襲いかかっているのである。

このような状況下、日本とオーストラリアの新しい協働関係はいかに？　今までのような補完関係からさらに進歩した緊密な関係を構築する必要がある。それはお互いの国の変化に対応する互恵協働関係である。

近年日本の製造業は、より国際競争力を強化するため、低廉な労働力が豊富にあるアジア諸国に移転をしている。軽工業に始まり、重工業そして現在はハイテク産業ですら、その製造拠点を海外移転、特にアジア、その中でも中国に進出している。もちろん中国は、日本製品の市場としても大きな魅力がある。そしてその市場は、年を追うごとに拡張し続けるであろう。

しかも、国内市場のみならず、世界のサプライチェーンの主翼として中国が大きな役割を果たし始めている。ここで生産された部品、完成品が、日本にそして世界市場に輸出されているのである。もちろん、オーストラリアにも輸出されている。日本のブランド商品が、中国からオーストラリアに輸出されている。だから、中国はオーストラリアに対する最大の商品供給国になった。その分日本からの輸出が減少している。日本ブランドが、直接日本からではなく、日本が移転進出した第三国から間接的にオーストラリアに輸入されているのである。

過去には顕著でなかった変化である。新しい国際協調、協働分業システムである。オーストラリアが、アジア諸国に多く存在する日本の子会社、関連会社に原料、半製品を供給する。そこで製造完成された商品を、オーストラリアが輸入する。バーターシステムのようなものが構築できる。今までの緊密な二国間の補完関係をアジア全体にも波及させる。前節でも言及したが、先進国である両国が持ち合わせる、資金力、技術、製品、システム、ノウハウなどを共同して駆使することにより、アジアでの援助、開発に大きく貢献することができる。

また、今までの強力な貿易パートナーから、ほかの分野にわたる全身全霊的なパートナーになるため、従来のハードなものからソフトに移行することの必然性がある。それは、教育、情報通信、サービス、環境、文化、観光、金融、バイオ、医療、高齢者ケアなどの分野での協働である。研究、開発に関するさらなる協力、加工食品、農業、エネルギーなどの伝統的な分野における新しい形の協働も促進すべきである。それも二国間で発展し、そこから第三国に波及していくというシナリオである。

そして、日豪両国政府が協力して、アジア太平洋地域の利益のため、両国がイニシアチブを取って始まったＡＰＥＣの目標、必要性、前進のための道筋を検証するとともに、ＷＴＯ新ラウンドの早期立ち上げのために努力すべきである。日豪両国は、地域の経済発展のための対話の強化、特に、経済改革、地域の貿易自由化や地域のインフラ（ＩＴ、エネルギー、資源の安全保障など）整備に関する対話と協働に主要な役割を果たすべきである。オーストラリアにおける汎アジア高速通信網の確立、自然エネルギーのアジア圏向け供給基地の創設、電力融通インフラ・システムの構築、オーストラリア北部に降る大量の雨をストック利用する世界農業生産拠点構築などにおける日豪の積極的なイニシアチブと協力協働体制の構築。地域の発展に寄与する日豪両国の協力、協働の選択肢は多々ある。これこそが、21世紀におけるより進化した究極の日豪関係であろう。

第五章　日豪自由貿易協定の消息

日豪は、戦後いち早く国交を回復し、1957年に通商条約を締結した。この条約を契機に、両国の通商関係は急速に拡大、親密化した。そして、すでに第一章で解説したように、オーストラリアの資源が、日本の高度成長に多大な貢献をした。それから半世紀、確立した補完関係をさらに進化発展させることが両国の国益に沿うという合意のもと、2007年から自由貿易協定の締結作業が進行中である。日豪自由貿易協定は、この相互補完互恵的な二国間関係をさらに強化、発展させ、日豪がアジア太平洋地域における経済協力や安定化に向けていっそう強靭な関係を構築するために必要である。

この協定によって、自動車など、日本の工業製品の輸入関税引き下げや対豪投資審査基準の緩和拡大、サービス貿易の拡大などが実現する。また、すでに述べたようにオーストラリアがすでに自由貿易協定を締結しているアジア諸国との競争上の不利を回避できる。何度も述べたようにオーストラリアにおける資源・エネルギーに関して中国を中心とするアジアの需要が急増している。オーストラリアは日本にとって今後ともカントリーリスクの少ない資源供給国として、死活的に重要である。自由貿易協定の早期締結で戦略的なパートナーシップを構築することによって、安定した資源確保および資源の安全保障につながる。

オーストラリアは日豪自由貿易協定交渉を行う上で関連企業、産業のみならず公開聞き取りを実施し、民間から詳しい要望を吸い上げ、準備をしてきた。日本では一部産業、関係者との聞き取りがあったとしても閉鎖的で多くが非公開である。このあたりの違いに注目すべきである。つまりオーストラリアは国民合意の上で日本との折衝、交渉に臨んでいる。日本側も一般国民、利害関係者の積極的な参加を促し真摯に対応しなくてはならない。

一、互恵メリット

この自由貿易協定が円満に締結されれば、日本サイドからすると具体的に次のようなメリットが挙げられる。まずは最も重要とされることであるが、何度も強調しているように日本が必要とするエネルギー・鉱山資源、食料の安定供給が確保できるということである。

この前の章でも詳しく解説したように、日本の産業、国民生活は、すでにオーストラリアに大きく依存している。ライフラインの核である発電用の燃料、ウラン、一般炭、天然ガスを以前にもましてオーストラリアに依存している。鉄鋼生産の原料である鉄鉱石、原料炭もその大部分をオーストラリアから供給を受けている。製造業における機械、工業製品、部品などの工業原料である鉱山資源の多くをオーストラリアに依存している。オーストラリアのレアメタルは、日本が今後産業の国際競争力を維持、発展させるために不可欠である。砂糖、塩、牛肉、穀物、水産物、酪農製品などのキーになる食料資源、食料安全保障上からオーストラリアの安心、安全な食料供給は今後とも欠かせない。さらには天然繊維の原料である羊毛、綿花、紙の原料になる木材チップ、ガラス原料の珪砂の依存度も高い。自由貿易協定締結によりこれらの供給が将来にわたって確保できるということである。

しかし、これまでに警鐘したように資源獲得のための熾烈な争奪戦がすでに始まっている。オーストラリアと自由貿易協定をまだ締結していない日本は、すでにそのような関係にあるアジア諸国と比べると不利な立場にある。オーストラリアはすでに中国、韓国とも自由貿易協定締結のための交渉を始めている。日本はこれに遅れをとることは許されない状況である。

次に、関税削減による日本の輸出が容易になる。たとえば日本の自動車産業にとっての状況を説明すると、オーストラリアの自動車産業は、現在自動車メーカー3社（トヨタ、GM、フォード）と部品メーカー、約200社で構成される。市場規模は、100万台を超えている。近年の自由化政策や移民による人口増、年率3％を超える持続的経済成長、さらには最近の資源需要の拡大などにより、自動車市場は年々拡大傾向にある。

日本からの輸出は、完成自動車と生産用部品、補修用部品が主体で、完成車の輸出市場としては年間約39万台の実績があり、米国に次ぎ2番目に大きい市場となっている。日本からの豪州向け輸出に占める自動車関連製品（自動車、同部品、オートバイ、同部品）は、67億ドルにのぼり全体の約30％を占める。日本車の豪州市場でのシェアは豪州産、輸入を加えて約50％である。現在豪州の輸入関税率は、乗用車、商用車、自動車部品とも5％である。自由貿易協定により関税撤廃が実現すればトータル1000億円近くの関税削減効果があるといわれている。もちろんこのことは他の製品輸出に良い影響を及ぼす。

また、投資に関して審査不要の投資金額の上限が大幅に引き上げられることにより、以前にまして直接投資が安易になる。直接投資は日本の鉱物・エネルギー・食料の安全保障戦略を補完するものが多い。2

005年発効した豪米自由貿易協定によると、アメリカからの対オーストラリアの投資に関して規制が緩和され、承認審査対象となるアメリカの投資の基準値が、それ以前の15倍に緩和された。また、新規投資に関しては事前承認要件が撤廃された。その結果、それまでより大型企業買収、事業展開が可能になっている。だから、米国と比較して日本は現在不利な立場にある。

すでに述べたように、オーストラリアにとって、日本はアメリカ、イギリスに次ぎ3番目に大きな投資国である。2009年の日本の対豪直接投資残は約4・5兆円で、その後も堅調に推移しているが、それが鋭意推進される。さらには、サービス分野においてこれまでの規制、条件の緩和、削減によって金、人の流れがいっそうスムーズになり、両国の交流がさらに進化する。これらの結果日本にとって大きなメリットが生じる。

もちろん日本のメリットは裏を返せばそれがオーストラリアにとってもメリットでなければならない。オーストラリアがこれまでに締結させたFTAに関するひとつの特色としては、その高い自由化水準があげられる。豪州サイドにとっては日本の農産物、食料の市場開放に大きな期待を寄せている。たとえば豪米FTAにおいては、豪側が農産品全品目について即時関税撤廃、鉱工業品についても2015年までに全品目関税撤廃予定となっており、米側も鉱工業品については2015年までに全品目関税撤廃、農産品については乳製品、砂糖、砂糖製品を除き、2023年までに全品目撤廃予定となっている。投資分野においては、国家の安全保障にかかわる産業を含め、内国民待遇を相互に付与しているほか、政府調達分野においても豪州は原則として米国企業に対して内国民待遇を付与している。

日本がオーストラリアとのEPAにより実質的な利益を享受するためには、必然的にすでにオーストラリアが第三国との間で締結させているFTAと同等、もしくはそれ以上の自由化水準を達成することが必要条件となってくる。

二、争点――日本の農産物市場の開放がキー

日本がこの協定により今までにあげた恩恵を受けるためには、もちろんオーストラリアに対しても恩恵がなければならない。その主なポイントが、日本の農産物市場の開放である。日本は、農産物を例外措置にして協定に含まないよう強い要請を掲げている。オーストラリア側はこれを執拗に拒否している。そのため、交渉は難航している。

日本サイドが例外措置を要請している背景は、農産物の自由化によって日本の農業が崩壊すると、農水省、農協などはこぞって抵抗の烽火をあげているからである。しかし、日豪貿易自由化交渉において、日本側が主張している農産品の輸入自由化を例外措置にすることは賢明ではない。もちろん、懸念されているように、農産品の完全自由化ということになれば日本の農業に影響がある。だから、関税を徐々に下げ、自由化も段階的に長い時間をかけて実施するというような準備期間と内容面において配慮と工夫が大切である。その間に日本農業のさらなる合理化、競争力向上、すでに3000億円を超す海外への農産品の輸出拡大、市場開拓などで支援を強めることにより、懸念される調整コストを小さくすることができる。また日豪間の季節の差を有効利用し、日本における収穫期間においてのみ関税を賦課するといったような柔軟な規定を盛り込むことにより、貿易自由化のメリットと国内農家への配慮を両立させることも可能であ

ろう。

オーストラリアの農業生産総額は、年間約４兆円に満たず日本の半分以下である。またオーストラリアでは干ばつ、大水害、サイクロンなどの季節要因で毎年の生産高にも大きなブレが生じる。２０１１年早々に、オーストラリア、クイーンズランド北部を襲った大水害とその後のサイクロンによりサトウキビ栽培に大きな損害が発生、粗糖の生産が前年度比30％減という事態が起こっている。また、以前にオーストラリア大陸の穀倉地帯に大干ばつが発生し、穀物生産が前年比50％減という驚異的な事態が発生し、輸出能力に壊滅的な影響を与えたことも記憶に新しい。自由化したからといってオーストラリアの農産物が怒涛のごとく輸入されることにはならないであろう。そのために、英知を結集して両国の納得いく合意に向けて尽力すべきである。

また、日豪自由貿易協定で輸入関税を段階的にゼロにするだけでは懸念される壊滅的な影響はないであろう。しかし、現在輸入農水産物に課せられている調整金の見直し、廃止や日本の農業保護政策まで見直しの対象ということになれば、乳製品、牛肉、小麦、大麦、砂糖、雑穀など、これらの生産に従事する農家、事業は、壊滅的な影響を受ける可能性がある。特に輸入品と差別化できない産品、たとえば、砂糖、小麦、大麦などはその可能性が大きい。牛肉のように輸入品とある程度差別化できるものは即、壊滅的な影響にはならないであろう。牛肉が自由化されて20年になる。20年前に約23万戸あった肉牛農家の数は、２０１０年には約７万戸に激減した。しかし国内の牛肉生産量は、55万トンから51万トンに微減、国内の流通シェアも５割から４割程度に減少したにすぎない。これは、輸入自由化されたとはいえ、依然38・５％という高い輸入関税が存在することが一因である。もちろん肉牛農家によるブランド化、農家の淘汰、大規模化などによる国際競争力の改善も寄与している。

保護政策のうち調整金は、輸入農産物に課せられており、国内価格と輸入価格が同レベルになるよう調整されている。また、それによって徴収された財源は、国内農家を保護するための補助金などとして予算化されている。この調整金に関して、その一例を乳製品で見てみると次のようになる。乳製品は、特別措置法で一部指定品目が国家貿易管理品目となっている。ウルグアイ・ラウンド交渉の結果として、日本はバター、脱脂粉乳などの輸入につきミニマム・アクセスを満たすことが要求されている。この指定乳製品については、農畜産業振興機構が輸入を一元的に行っている。輸入する指定乳製品などの品目別数量、時期などについて、同機構が毎年度、国内の指定乳製品の需給・価格動向などを勘案しながら決定している。指定乳製品は機構が一度輸入業者から当該製品を買い入れ、調整金を上乗せした上で、再度売り渡すという方式が採られている。

たとえばバターについて、カレント・アクセス輸入分である8600トンに関しては一次税率の関税は35%で、その上に調整金（マークアップ）として1キロ当たり806円を徴収して業界に売り渡す。同機構から特別に許可された関税割当の輸入に関しては、一次税率が35%だが、その割当量を超える、つまり自由に輸入すると、二次関税は実質360%以上の輸入関税率となる。これでは輸入価格が、高くなりすぎて現実問題として実質輸入できない。

機構がミニマム・アクセスで輸入したバターの業界向けに売り渡す価格は、輸入原価（CIF価格）の3倍以上になる。これは小売価格を押し上げ、最終的には消費者の負担となるものである。オーストラリアを訪問してチーズやバターを買った経験のある人は、そこでの値段と日本での値段が大きく違い、日本製品が、あまりにも高いことを思い知らされたことだろう。また高関税をかけることによって、輸入品の取引きが阻害され、需要と供給のミスマッチが起こる。このため、バター不足という事態が起こる原因にもなる。さらに、乳製品は、ＷＴＯ農業協定の特別セーフガードの対象品目で、基準となる輸入数量・輸入価格を超えた場合には自動的に関税引き上げが可能となっている。

オーストラリアの乳製品産業と日本の業者との関係は、最近大変緊密になっている。たとえば、オーストラリア最大の乳飲料メーカーであるナショナルフーズは、キリンフードの傘下にあり、雪印オーストラリアは、大規模な乳幼児用粉ミルクの工場を所有し操業している。また、ＪＴ（日本たばこ）も乳製品を含めたオーストラリアの食品加工会社を多く傘下にもっている。オーストラリアは、日豪協力で乳製品に対する厳しい日本の輸入需要に対応できるよう、積極的に食品安全プログラムを導入し、安全な食品を日本市場に提供している。

今までに何度か紹介したように、われわれの飲んでいるビールの原料は、麦芽である。その大部分を輸入している。この商品には関税割当制度が適用になり、国内需要見込み数量から国内生産見込み数量を差し引いた数量の輸入に対して、関税一次税率が無税とされているが、この数量を超えるものには二次関税（トン当たり2万１３００円）が適用されている。この制度の一次関税率適用に当たっては、国内需要の約7％を占める国産ビール大麦の購入が前提とされており、ビールメーカーにとっては、コストが輸入麦芽の約5倍となる高価格の国産ビール大麦の購入が実質的に義務付けられている。

われわれの食生活に欠かせない砂糖。日本の需要の90％以上を輸入に頼っている。そのうちオーストラリアからは、40％以上が輸入されている。オーストラリアからの粗糖価格は、日本の港渡しでキロ５０円前後である。日本のサトウキビやテンサイ農家は約3万戸で、総需要の10％ほどを賄っているが、日本での粗糖価格は豪州産の3倍以上である。だから日本の生産農家を保護するために何重もの施策がとられている。異常に高い輸入関税、国内製糖メーカーに課している調整金、国の補助金などで3万戸の生産農家を保護しているのである。

このように手厚い農業保護政策が実施されている間は、一次関税の撤廃だけでは、国内流通価格に大きな影響は及ばない。しかし、関税割り当て、二次関税や他の保護政策の見直し、撤廃も問うことになるとその影響は甚大で、大部分の農業生産者の存続に赤信号がともる可能性が大である。

そこで、すでに締結している米豪自由貿易協定を参考にすればよい。２００５年に発効した米豪自由貿易協定に関して、農産品に関する合意をもう一度ここで、オーストラリア側が勝ち取ったものを主に要約すると次のようになる。

・協定発効と同時に、アメリカは、オーストラリアにとって重要品目であるマトン、ラム肉、オレンジ、綿実、切り花などを含む全農産品の3分の2の輸入関税を撤廃。
・２００８年までにさらに9％の品目についての輸入関税を撤廃。オーストラリアにとって最重要品目である牛肉、酪農製品に関しては、アメリカがその輸入枠を従来の約3倍に増やし、かつ毎年平均5％を追加。
・協定締結前は、輸入禁止品目であった全脂粉乳、チーズ、バター、ミルク、クリーム、アイスクリームなどに輸入枠を設定。
・牛肉の輸入に関しては、その輸入枠を２０１８年までに7万トンに増加し、２０２３年以降は、完全に自由化。
・輸入枠制限のない農産品に関しては、その大部分の関税を即時撤廃し、残りに関しては4・10・18年をかけて撤廃。
このように、交渉事には譲歩、痛み分けが必要である。日豪自由貿易協定が締結されるか否かは、日本による穀物、酪農製品、食肉、野菜・果物など農産物の自由化をどこまで受け入れるかによる。オーストラリアが望んでいることは農産品にかけられている輸入関税をゼロにすることであり、それ以外のことは日本の国内政策であるという考えである。双方の譲歩、工夫が問われている。一連の農業保護政策は、裏を返せば、メーカーの原料調達の融通性を制限し、消費者にその負担を押し付け、国際市場の競争ある価格メリットが享受できないということに他ならない。先進国の中で、日本市場での農産物が飛びぬけて高いということは現実的ではない。これを是正する努力が要求される。

また、農産品、食料の輸入に関しては、両国政府間でまだ十分に調整されていない動物検疫、植物防疫上の制約が存在する。検査方法、条件、証明書などでオーストラリア側に不満が存在する。日本とオーストラリアは、世界の中でも動・植物防疫には大変厳しい国ではあるが、いっそうの相互開放、相互認証努力が期待される。

さらに加工食品の輸入に関しても、日本の食品衛生法での不要な規制や制約が指摘されている。両国で使用が規定されている色素、保存剤などの食品添加物に関しても両国でさらに議論を進める必要がある。たとえば食品の保存剤として使用するSO2の含有量について、各加工食品に適用される許容使用量に大きな違いがある。また食品添加物指定手続きについても、詳細な試験データ提出が要求される。これには大変な時間と費用がかかる。また、輸入食品の賞味期限の表示方法などにも融通性がない。一部では、これらは非関税障壁であると批判されている。これらの問題をすべて満足いく状態にするための努力が要求される。さもないと、仮に自由貿易協定が合意されても、商品の相互流通が期待したように十分スムーズに行われないことも生じ、相互互恵の効果が享受できなくなる。

どちらにせよ、日本の戦略的パートナーとしてのオーストラリアの位置付けが、今後さらに高まっていくということに疑いの余地がない。日本政府は、ＴＰＰ（環太平洋自由貿易協定）など、地域の自由貿易協定の推進においても大胆な政策立案、決断、実行、対応に迫られている。特に自由貿易促進によりデメリットが大きいといわれる農漁業分野での改革、競争力向上の推進などに政治力が試される。

三、アジア諸国とのパーセーブ

繰り返し強調しているように、日本は今後とも食料、鉱山・エネルギー資源の安定確保を確実にしなくてはならない。これは国の産業、国民生活を維持、発展させるためには不可欠なことである。そのために、環太平洋地域での最大の資源輸出大国であるオーストラリアと、今後とも戦略的な互恵関係を構築しなくてはならない。しかし、この事情はアジア諸国に共通することで、日本はオーストラリアに対してこれらのアジア諸国と同等ないしは優位な立場に立たねばならない。そのためには、現在交渉中の自由貿易協定を早期に締結すべきである。日本ではこれについての認識が浅くて甘いといわざるを得ない。

オーストラリアは、すでにニュージーランド（１９８３年発効）、アセアン諸国、シンガポール（２０

03年発効)、タイ(2005年発効)アメリカ(2005年発効)などと自由貿易協定を締結している。2010年早々、アセアン諸国とオーストラリア・ニュージーランドとの自由貿易協定が発効した。この協定により、オーストラリアの通商の約15%、輸出の40%以上を占め、急成長をしている東南アジアの10カ国(ブルネイ、カンボジア、ラオス、ベトナム、フィリピン、タイ、マレーシア、ミャンマー、シンガポール、インドネシア)人口6億人、国民総生産300兆円の市場が開放された。

オーストラリアは、すでに触れたように、日本の最大競合国である中国とは2005年から、韓国とは2009年から、自由貿易協定締結の交渉を着実に進めているのである。もし、日本がこの協定締結に遅れをとるということは、日本の豪州に対する自動車、家電、精密機械、ハイテク商品などの輸出において、ほかのアジア諸国と比べて不利な立場に立つ。つまり、日本からの輸入に対する関税がほかのアジアからのものと比べて高くなるということである。

一方オーストラリアからの食料、鉱産物資源輸入に関しても不利な立場になる。このことにより貿易全体にマイナスの影響を受ける可能性が高い。さらに、自由貿易協定は投資、サービスなどの分野においてもそれまでの規制や条件が緩和されるので二国間の物、金、人の流れがいっそう促進される。だから、対オーストラリアに関して、ほかのアジア諸国とは少なくとも対等な立場を保持しなくてはならない。これは、この環太平洋地域での日本の国家戦略であらねばならない。そしてこの自由貿易協定合意に至る過程で、日本がオーストラリアとの協定により実質的な利益を享受するために留意しなくてはならないのは、すでに提起したことであるが、オーストラリアが第三国との間で締結している協定と同等もしくはそれ以上の自由化水準を達成することが必要条件となってくる。つまり、日本がどこまで農産物市場の開放を実現できるかにかかっている。

世界の資源、食料需要は、ますます増加してくる。特にアジアにおいての食料、鉱山資源需要に対する圧迫は強くなり、各国は資源確保のため、アジアの一員である資源輸出大国、オーストラリアとより親密な経済関係を結ぶ最大限の努力をいとわないであろう。

すでに述べたように、オーストラリアは目下、韓国、中国に加えて、インドネシア、インドなどとも貿易自由化に向けて積極的に交渉中である。また、オーストラリアは、アメリカが呼びかけたＴＰＰにも積極的に参加している。日本が少なくともほかのアジア諸国と同じ立場に立たなければ、日本は環太平洋地域において通商・経済面で大変厳しい立場に立たされるということに他ならない。

日本といろいろな分野で競合する韓国は、すでにアメリカとの間で、自由貿易協定を締結している。この結果韓国製品に対する輸入関税撤廃が、日本製品を不利にする。また、日本と競合しているヨーロッパ市場での優位性を獲得するために、ヨーロッパ連合とも最近自由貿易協定を締結した。この結果、ここ数年の間に韓国からのヨーロッパ市場への商品の輸入関税が無税になる。そうなると今まで日本が韓国と競争して輸出していた自動車、機械、ハイテク商品などで韓国にその市場を奪われる可能性が高くなる。日本と韓国は、同じような輸出立国である。海外から原料を輸入、それを加工、製品化して海外に輸出する。日本と韓国は今後世界市場で熾烈な市場確保の戦いに直面する。両国の輸出に関する対米依存は高い。韓国がアメリカとの自由貿易協定を締結したことにより、対米市場で韓国が一歩抜きんでたということに他ならない。

交渉の焦点となったのは自動車と農畜産物だが、自動車では輸入関税の相互撤廃（米国は現行の２・

5%を、韓国は現行8%をそれぞれ5年後に全廃）に合意した。また韓国は、コメを自由化の対象外としたものの、現行40%の牛肉の輸入関税を15年で撤廃するとした他、オレンジ、リンゴ、豚肉など多くの農畜産物で5～15年後の関税撤廃に合意した。韓国が自由貿易協定交渉時に、アメリカの韓国農業市場開放圧力にどのように対処したのかをよく研究し、現在進行中の日豪自由貿易協定交渉に活用しなければならない。さもないと、日本は世界市場において今後ますます厳しい局面を迎えざるを得ない。

第六章　外交、安全保障でのパートナーシップ

アジア環太平洋地域、ひいては世界の平和と安全を確保するためには、これまで以上に日本は貢献しなくてはならない。北朝鮮の脅威があり、初めての国産空母の建造、ステルス級の戦闘機の開発、東シナ海で活発な活動をしている中国。軍事予算は年々増大している。タイとカンボジアの国境紛争、不安定なベトナム情勢、インドネシア情勢や気になる南太平洋上の諸国、東ティモール紛争など懸念材料がいっぱいである。そのため、今後日本には自国の安全はもとよりこの地域での外交、安全保障上のリーダーシップが求められる。つまりそれが日本の安全に寄与するからである。このことは、赤道をはさんで反対に位置するオーストラリアにそのまま当てはまるテーマなのである。

２０１１年初頭に起きた、長い間の強権独裁政治に反対する反体制派による大規模で強烈なデモの結果、アフリカ北部、中近東湾岸地域に大きな改革、革命の嵐が吹き荒れることになった。チュニジアではベンアリ大統領が追放された。これに呼応して隣国のエジプトでも大規模な反体制デモが起き、ムバラク大統領の強権支配が崩壊した。シリアでは最高指導者カダフィ大佐が反体制派に拘束され死亡。反体制派によりシリアは開放され、民主的な国の再生が進められている。

さらにはレバノン、イエメン、イランなどでも反体制派による大規模デモに波及している。情報通信の

急速な発展が、そのフェースブックやツイッターにより一連の反体制デモを増長させた。今後、不安定要素のあるアジア地域で、同じような状況が現出する可能性がないとはいえない。従来の内戦、地域紛争などのみならず、そのための保険として日豪協力が今まで以上に不可欠である。また、地球温暖化、環境、海運、犯罪、テロ、自然災害、伝染病発生などの問題に対処するために両国はこの地域でリーダーシップを発揮することが期待されている。

一、両国の安全保障、その背景

安全保障に関するオーストラリアの背景を簡単に紹介すると次のようになる。第二次世界大戦までは経済、政治、防衛などの伝統的なつながりで、宗主国イギリスとの関係が、オーストラリアの外交、防衛政策の基本であった。オーストラリアは、宗主国イギリスから独自の植民地政府、自治が認められた国である。一方、アメリカは、母国イギリスと戦争までして独立を獲得した。オーストラリアではアメリカのような独立戦争、南北戦争などの紛争は起きていない。旧イギリス帝国植民地の歴史を振り返ってみると、ほとんどの国でイギリスからの独立戦争の経験がある。オーストラリアとニュージーランドは、それを経験せずに植民地から自治領、国として発展を遂げてきた。オーストラリアは、イギリス本土から大変遠くにもかかわらず、初期の植民地時代から、オーストラリア産品の主たる輸出市場としてイギリスに依存し、また、近隣諸国から国を防衛するため、強力なイギリス海軍の力を必要とした。この関係が、第二次世界大戦まで続く。イギリスが直面した戦争、地域紛争、内戦などでイギリスを加勢するためにイギリス国旗を掲げ、地球の果てまで軍隊の派遣もしてきた。

オーストラリアは先の大戦で日本軍の攻撃を受けたことにより、戦後は広大な大陸を外部からの侵略に対する防衛が国家的優先事項となった。さらに冷戦中の共産主義、アジアの民族主義などの台頭で北からの危険に晒される可能性があったため、いっそう緊急課題になり、その結果オーストラリアにとって国を防衛するためには強力な後ろ盾が必要になった。また、アジアの大国で共産主義体制の中国が脅威となり、さらには近隣のインドネシア、パプア・ニューギニアにおける紛争も国家防衛政策の構築に拍車をかけることになる。

しかし、1962年イギリスがEEC（今日のEU、ヨーロッパ連合）に加盟申請した。このことは、オーストラリアにとってイギリスがもはやそれまでの最恵国でなくなることを意味した。また、それまでにイギリスがその軍事力をスエズ以東から撤退したことが、イギリスに対する信頼を覆していた。もはやイギリスの軍事力に頼れないという危機感が焦りを生じさせた。そしてアジアでのアメリカの進出に大きく期待することになる。その結果、第二次世界大戦以降は、アメリカがイギリスに取って代わり、オーストラリアを防衛するということになった。アメリカのアジアを含めた世界戦略において、オーストラリアは、アメリカに追従することになる。実際、朝鮮戦争、ベトナム戦争、アフガン戦争、さらには湾岸戦争、イラク戦争においてアメリカの軍事戦略のよき理解者、協力者としてオーストラリアは率先して軍隊を派遣した。このアメリカ追従について、国内の有識者は、独立国として、その外交、安全保障政策に自主性がないと批判している。

日本に関しては、ここで詳しく記述する意図はないが、戦後の日本の外交、防衛政策は、アメリカのアジア政策の一環に組み込まれ、アメリカ主導に頼らざるを得なかった。それは敗戦し、占領された敗戦国の宿命であった。終戦後進展した世界の冷戦構造の中で、旧ソ連、中国に対して、日本をアジアにおける防波堤にすることがアメリカのアジア戦略で最も重要であった。アメリカがその巨大な防衛能力を前面に出して、日本の基地化を促進した。日本全土に戦略的なアメリカ軍の基地を構築した。冷戦構造が終息し、日本が国連加盟を果たし、国際舞台に復帰したあとも、アメリカの世界戦略の一環としての日本の立場は、大きく変わることがなかった。戦後66年も経過するのに、依然アメリカ軍の基地が、日本全国に存在する。いまだに自主独立の防衛戦略の構築ができないでいる。オーストラリアと日本は似た者同士なのである。この地域でオーストラリアと日本は、先進国として自由と個人の尊厳、民主主義を共有し、成熟した法治国家である。今後は似た者同士が、いっそう関係を密にして安全保障に関しても協力体制を強化しなくてはならない。

二、アメリカの傘

両国ともアメリカの傘で守られている。日米安全保障条約により、日本の安全がアメリカの傘の下で保障されるように、オーストラリアもアメリカの傘が必要であった。そのために、アメリカとはニュージーランドとともに軍事同盟を締結し、太平洋圏での集団自衛権を確保するに至った。

また、国内の軍需産業だけでは要求される十分な防衛体制ができないので、陸海空軍に必要な航空機、戦艦、兵器、資材のほとんどをアメリカから購入し、さらには軍備に関するノウハウ、管理能力、情報などもアメリカとの同盟でその提供を受けているのである。オーストラリアにとっては大変コストのかかることであるが、オーストラリアだけでは到底自国を守ることができない現実に対する必要経費である。オーストラリアとっては、二大政党を構成する労働党政権であろうと、自由・国民党連合政権であろうとアメリカとの同盟関係を外交、防衛政策の根本にすえている。そしてこの同盟関係に必要なコストより、同盟関係から享受する利益の方がより大きいという認識である。さらには最近のアメリカとの自由貿易協定を締結したことで、オーストラリアの商品やサービスが、巨大なアメリカという市場に強いアクセスをもてるようになった。

しかし一方では、アメリカの同盟国ということで見えざる敵の標的になる危険性を含んでいる。実際にオーストラリアが敵の攻撃を受けた場合、本当にアメリカが助けに来てくれるのか不安がないわけではない。その意味においても、今後オーストラリアはアメリカとの同盟関係の維持、強化が欠かせないのである。アメリカの世界戦略（特に安全保障）の一環を担うオーストラリアは、その軍事同盟により、アメリカのために戦略、通信、迎撃基地をオーストラリア国内の数カ所（西オーストラリア、北部準州、南オーストラリアの荒野）で提供している。また最近ダーウィンにアメリカ軍の海兵隊基地を創設することになった。ここに沖縄の米国海兵隊の一部移転の可能性が取り立たされている。

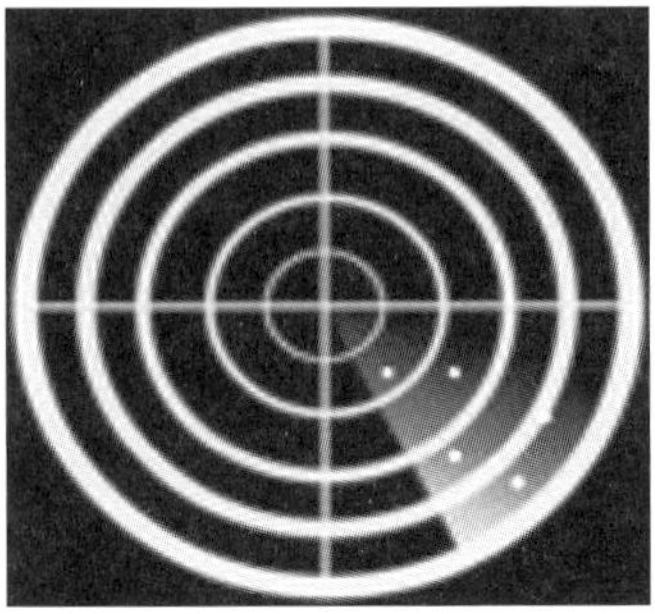
写真6-1　オーストラリア北部のレーダー施設

日本もオーストラリアと同じく、戦後アメリカのアジア政策、しいては世界戦略の一角に位置し、アメリカの同盟国として、アメリカの加護を受けるようになる。日米安全保障条約が１９６０年に締結され、基地の提供、軍需資材、機材の調達、軍事情報交換、費用分担など、オーストラリアとほぼ同じような役割を果たしてきた。ただ、日本の活動は、日本国憲法での制限があるので、集団自衛権を行使したり、自衛隊を海外に戦闘目的で派遣したりすることはできない。だから、オーストラリアと同じくアメリカの同盟国であるが、オーストラリアのような活動はできない。後方支援、人道支援、災害支援、国連の平和維持活動などへの参加の中でオーストラリアとともに、国際協調、協力を実行しなければならない。

三、日豪の安全保障協力

日豪間の安全保障上の協力は、21世紀になるまではアジア地域での情報交換と両国の担当者レベルでの対話や相互訪問が主なものであった。しかしアメリカで2001年に起きた9・11テロ事件を契機に、協力関係を促進する方向に向かった。そこで今日、安全保障の分野においても、補完関係（日本の物理的な能力とオーストラリアの今までの経験と現実的な対応能力）ができつつある。日豪の安全保障協力が急速に発展した背景には、それなりの理由があるが、基本的には両国のアメリカとの緊密な同盟関係、アメリカのアジア戦略の延長線上で発展したことは疑う余地がない。そしてそれは、両国の過去半世紀にわたり積み重ねた友好、信頼関係の上に築かれている。

オーストラリアの外交安全保障政策の基本は、「米国との同盟強化」「国連や多国間活動に積極参画」「アジア太平洋地域への包括的な関与」である。一方、日本も「日米同盟」と「国際協調」を外交・安全保障政策の核とし、「アジア太平洋地域の平和と繁栄を目指す」としている。つまり、同じ土台の下で、日豪は、外交・安全保障政策を実行している。それが、日豪安全保障協力進展を促進したといえる。

具体的には、軍事・経済両面において近年急速に台頭してきた中国への対応がある。オーストラリアにとって、過去日本が与えた脅威を、今中国が与えているといえる。オーストラリアは、中国の覇権強化、南アジアでの果敢な外交、軍事攻勢に備える必要があると思っている。この目的のため組む相手は、アメリカであるが、このアジア地域においては同じ安全保障の土台をもち、民主主義、自由主義、人権尊重、法の秩序といった価値観を共有しているアメリカの同盟国である日本をおいてほかにない。つまり、中国の台頭で両国の協力は、安全保障上の保険の役割を果たすのである。

また、この地域における安全保障環境の変化を考慮する必要がある。つまり、北朝鮮の核やミサイル、台湾海峡問題、タイ・カンボジアの国境をめぐる紛争といった不安定要因が存在している。加えて、テロリズム、大量破壊兵器の拡散、災害、国際犯罪などの問題も深刻化している。このような状況下、日豪は、カンボジアや東ティモールにおける国連平和維持活動、イラクにおける戦後処理、治安確保などでの協力を通しても関係を発展させてきた。

もちろん、すでに言及したように、日豪両国にとってアメリカとの同盟が、戦後両国の安全保障政策の根幹をなしてきた。アメリカは、日豪がこの地域でアメリカの安全保障政策の一端を担い、その費用や役割において按分の負担を強く期待している。一方日豪にとってこの地域に守護神としてアメリカを引き留める必要がある。このように、日豪の安全保障協力は、単なる二国間協力にとどまらず米国主導のグローバルな安全保障施策に欠かせないものなのである。

２００７年には「安全保障協力に関する日豪共同宣言」を採択した。二国間で安全保障協力に関する宣言を採択するのは、アメリカ以外では初めてであり、日本とオーストラリアの安全保障協力が、かなりの進展を見せたことが窺える。同宣言においては、両国の戦略的パートナーシップが、民主主義、自由平等、人権、法の順守のみならず互いの尊敬、信頼と友情に基づいているものであることを確言している。その上で、アジア地域と世界の平和と繁栄にともに協力することを明言している。北朝鮮の核開発、ミサイル発射、拉致問題などを含め、地域でのテロ撲滅、人権擁護、人道支援、さらには国連や国際機関と協力して平和維持活動、人道支援、災害救助、伝染病対策などにおいて、両国が協力を強化することを宣言している。

また、ＡＰＥＣ、アセアン、東アジアサミットなどともこの地域での平和と繁栄という共通の目的をもって、両国が協力を強化することなども含まれている。そして、両国の同盟国としてのアメリカとの連携、協力をさらに進めることが、地域、世界の安全と繁栄に貢献することも強調している。

具体的には、両国の関係閣僚、実務者レベルの交流、合同対話、共同作業、共同演習などを通して、麻薬、マネーロンダリング、密輸、偽造通貨などの国際犯罪、テロ撲滅、軍縮、大量破壊兵器拡散の防止、平和維持活動、海運、航空安全保障、情報の交換、人道支援、災害救助活動、疫病拡散防止などの分野で協力を強化することがうたわれている。

さらに、２００８年には「防衛省とオーストラリア国防省との間の防衛交流に関する覚書」が結ばれた。そして、２０１０年5月には自衛隊とオーストラリア軍による食料や燃料の相互提供を定めた「物品役務相互提供協定」が締結された。この協定は、自衛隊と豪州国軍との間で、共同訓練、平和維持活動、人道的な国際救援活動、大規模災害への対処のための活動、外国での緊急事態における自国民などの輸送または日常的な活動のために必要な物品・役務（食料、水、宿泊、空輸を含む輸送、燃料・油脂・潤滑油、被

写真 6-2　アルプスを編隊飛行する戦闘機

服、通信、衛生業務、基地支援、保管、施設の利用、訓練業務、部品・構成品、修理・整備および空港・港湾業務）を相互に提供するための枠組みを定めるものである。これにより、自衛隊と豪州国軍との間の緊密な協力を促進し、国連を中心とする国際平和活動のために積極的に寄与することが期待される。この協定もまた日本にとって、米国以外の国で初めて結ぶことになった。

このように日豪は、包括的、戦略的なパートナーシップを築いているのである。さらには、日米豪という三国間の大きな安全保障協力関係の枠組みの中で、それぞれが役割分担を行う必要がある。アメリカはグローバルなレベルからアジア地域の安全保障、日豪はアジア地域での安全保障から、グローバルなレベルへの協力・参画である。これが、当分の間の日豪の安全保障協力の構図であろう。特にアメリカが、アルカイダの最高指導者、オサマ・ビンラディン殺害後の報復テロ活動、アフガニスタンの情勢悪化、北アフリカ、中近東における新たな火種や国内の財政事情などを考慮に入れると、日豪両国は、これまで以上に大きな役割を担うことが求められる。

ただ、それぞれの国の政権が代われば、その外交、安全保障政策に違いが生じることもある。たとえば、アメリカの民主党、オーストラリアの労働党政権の場合、二国間安全保障協力を基本に、多国間協力により重点を置く政策傾向があり、アメリカの共和党、オーストラリアの自由党の場合は、それとは逆に二国間同盟を強化し、多国間協力をその延長線上に捉えるケースが想定できる。事実、ブッシュ前政権と違って、民主党のオバマ政権では、２０１１年に開催した中国との戦略・経済対話の中で、両国が協力してアジアの平和と安定、繁栄に新たな協議枠組みを設立する合意がされた。同対話では両国の国防当局者も初めて参加し、相互不信や誤解による、対立や不測の軍事衝突を防ぐための方策に関しても協議された。また、経済分野でも20項目にわたる成長と協力の包括的な枠組みに合意している。

だから、日本の政権のいく末とも関係して、親密な二国間協力を維持しながら、今後のアジア地域での日豪の安全保障協力の性格が変わる可能性、あるいは変える必要性が生じることにも留意するべきである。

四、アジア地域で日豪が果たす役割

今後の展開として、日豪両国が協力体制を深めることにより、この地域における安全保障の番兵としての役割を構築する必要がある。

オーストラリアは、戦後国連のＰＫＦ、ＰＫＯに積極的に参加して貢献している。オーストラリアが、１９４７年にインドネシアと旧宗主国のオランダの停戦を監視する国連の平和活動に世界初の参加をした。それ以来、50件を超える国連委任下の活動に対し、国連軍の一員として６万５０００人以上の兵を派遣してきた。国連を主体にした国際貢献、協力において、その歴史は長く、経験、貢献度において高い評価を得ている。多国籍軍との共同作戦、活動の経験が豊富である。ただ、アメリカ、日本、中国、韓国と比較すると、人口は小さく、軍事支出も少ない。戦闘要員としての役割には限度がある。しかし、各国と協力しての平和維持活動、自然災害発生に対する救助、救援活動、テロ、大量破壊兵器の拡散防止などの活動においては、今後とも世界、特にこの環太平洋圏での役割、貢献は大きくなるであろう。

ここに、日本がオーストラリアと協力することができるし、しなければならない環境がある。日本は、太平洋戦争で周辺諸国に脅威と被害をもたらした。また、憲法上の専守防衛からしても、日本がこの地域での積極的な軍事作戦は取れない。そこで、世界第4位の軍事能力を有している日本が、地域の平和維持活動を支援するための、その豊富な物理的な能力を提供することに期待が高まっている。

この背景には、1995年の日豪パートナーシップに関する共同宣言がある。この取り決めで両国は、より深い相互理解とともに、二国間、地域的、多国間のさまざまな問題での相互協力を推し進めることで合意した。対象となる分野は、安全保障、防衛はもちろんのこと、経済および貿易、観光、農業、運輸、科学技術、核燃料、教育、文化、環境、援助、開発、アセアン（東南アジア諸国連合）、武器管理、軍縮、人権、APEC（アジア太平洋経済協力閣僚会議）と多岐にわたる。

この地域の平和と繁栄のためには、日豪間はもちろんのこと、日豪米同盟の協力強化が非常に重要な意味をもつ。中国との関係を友好に保つ一方、その動向には常時注視せねばならない。対中国政策は臨機応変に対応する必要性がある。

対中国政策に関しては、日豪両国は同じような立場である。そこには、一種のジレンマが存在する。両国ともアメリカの同盟国である。一方、中国は両国にとって、貿易、経済面で至極重要なパートナーである。事実、両国にとって中国は、最大の貿易相手国である。ちなみに、中国は、日本の全輸入の約22％、全輸出の19％を占めている。また、中国は、オーストラリアの全輸出の25・3％で、全輸入の18・7％を占め、どちらも第2位の国を大きく引き離している。そして、将来この傾向がより増長されるであろう。アメリカとの通商関係と比較してみると、オーストラリアにとってアメリカは輸入で12％のシェアをもっているが、輸出ではわずか4％にすぎない。また、日本にとっては、対米輸出は全体の15・4％、対米輸入は全体の9・7％になっている。だから両国の外交は、このような状況の中でのバランス能力が試される。

中国とオーストラリアは、経済分野においてかつてないほどの緊密な関係を構築している。中国からの投資も、資源関連を中心に急増している。だから、台湾海峡有事の際の対応については、中国への刺激を意識し、オーストラリアは、明確な対米支持を表明していない。そのような外交的配慮も要求される。この地域の安全と繁栄は、対中対応、中国の出方により大きく影響を受ける。だから、中国をいかに日豪、日米豪の同盟の枠組みを崩さず、協力体制を築くことができるかにかかっているといっても過言でない。中国に対する抑止、予防効果ばかりに専念することの危険性にも自覚をして、中国との信頼関係確立と友好の進化に努めなければならない。

また、日豪同盟が強化されることはアジア地域において、その安全保障に大きく貢献することは疑いないが、一方ではこの先進国同士の同盟関係がアジア諸国の不安、懸念材料になる可能性がある。この点にも十分留意しながら東アジア諸国、アセアン諸国との協力関係をさらに構築する必要がある。

日豪の安全保障に関する協力は、以上のように緊密化している。しかしその詳細は、メディアではなかなか詳しく取り上げない。そのため、国民にはこのアジア地域において日豪がどのように協力しているかわからない。また、国民がこの重要な安全保障政策に関して蚊帳の外に置かれる。だから、今後政府の国民に対する納得のいく情報公開や国民との活発な議論がいっそう重要になってくる。

第七章　警鐘――日豪関係の将来

これまで述べてきたように、日本の将来にとって日豪関係がいかに重要であるか、理解していただいたと思う。しかし、一般の国民はもちろん、政官財に至るまでこのことついての十分な認識が欠落している。深化した日豪関係を築くために問題がないわけでもない。それぞれのお家の事情がある。それにも増して、日本の将来を担う人びとが意識を改革しなければならない。また、メディアの役割が重要になっている。オーストラリアについてよりよく、深く知ることの大切さが問われている。それをどのように達成するのか、具体的に再検証する時期に来ている。将来を担う若者にもわが国の将来を託すためには、オーストラリアが、日本の産業、国民生活さらには安全保障上かけがえのない国であることを、十分に知らしめることが大切である。そのための方法、システムの構築が重要で、その上で、信頼関係を深化させる両国関係の構築に積極的に参画することである。そうすることにより日本の将来がよりよく見えてくるのである。

一、日本は東、豪州は北向き

すでに解説したように、第二次世界大戦までオーストラリアは、宗主国イギリスの加護のもと、植民地、自治領として発展した。戦後は、それまでのイギリスの役割をアメリカが肩代わりするようになった。オーストラリアは海に囲まれた世界最大の島国である。この大陸の南には、はるか南極まで遮るものは海以外何もない。一方、北にはアジア各国が控えている。近年の外交政策は脱欧入亜で、アジアの一員としての位置付けをしてきた。北を向いた外交である。資源立国であるオーストラリアにとって、その資源を供給できる市場がなければならない。それは長い間日本であった。ここ数年前からは、アジア諸国である。特に、経済成長著しい中国、韓国、インドである。これらの国がオーストラリアの資源を必要とし、積極的、戦略的に争奪戦に参入している。オーストラリアは戦後の脱欧入亜政策をさらに強化し、アジアの一員である自覚と責務を負っている。

一方、日本は東を向く政策。太平洋のかなた東のアメリカを主体にした御用外交の色彩が強い政策であった。もちろん経済、政治、安全保障いずれも米国抜きでは考えられないほど日米関係は緊密で重要である。しかし、この関係も時代の流れで変化をきたしている。北を向いた政策と東を向いた政策の違いがそれぞれの国に対する認識に表れているのである。この東西軸と南北軸との接点が、環太平洋地域での日豪協力、協働である。その認識を深め、具体的な政策を刷りあわせ協力していくことがこれからの両国、アジア地域全体、さらには世界の平和と繁栄にとって大変重要になる。

二、政・官・民の意識改革

日本の高度成長以来、その経済、国民生活を維持、発展させるための資源の調達に関しては、他国と熾烈な競争をすることなくオーストラリアを主体に確保してきた。そこには、日本はオーストラリアの資源を買ってやるという買手市場心理が働いていたといってもすべてが間違いではない。すでに警鐘したように、オーストラリアから日本が必要とする資源、食料を安心して確保するためにはこの意識を変えなければならない。このことは、企業による実際の事業活動においても、また政府の政策立案、実行においても当てはまることである。資源確保において、危機意識に欠けるといわれる所以である。オーストラリアの資源は自動的に入手できるものではない。そのための、今後は並々ならない覚悟、努力が要求される。成長はなはだしいアジア諸国との熾烈な競争に立ち向かわねばならないからある。採算を度外視した戦いにもなることも状況によっては覚悟しなくてはならない。

日本は中央集権国家であるが、オーストラリアは、6州、2特別地域で構成する連邦国家である。州の権限と責務が大変大きい。連邦政府が介入できない分野も多い。オーストラリアにはひとつの連邦国家に9つの異なる法領域が存在する。連邦国家を構成する各州は、独自の憲法をもち、歴史的に独自の司法、立法、行政権を確立している。州の間では法律、政策において違いがある。産業、商業、労使関係、環境、教育、警察、医療、福祉など幅広い分野が、州政府の管轄業務である。すでに述べたように、資源確保のための資源開発に関しての許認可、管理、監督も州政府の所轄である（基本的に陸上と海岸線から沖3マイル以内の範囲で、3マイルを超えると連邦管轄になる。これは資源開発に関してのみならず漁業、海上輸送、犯罪などにも当てはまることである)。このため、各州との人脈構築、協力関係、交流が必要になる。オーストラリアの州について日本での認識に誤りや甘さが窺える。

日本は、太平洋戦争後、太平洋の東のかなたのアメリカに、その神経を集中してきた。ある意味ではアメリカに追従してきた。そうせざるを得ない背景があったことは否めないが、あまりにも一方的である。確かにアメリカ市場は、昨今まで日本の製造業にとって最重要市場であった。また、アジアでの安全保障に関してのアメリカの役割、貢献は十分に評価せねばならない。しかし、日本の産業や国民生活の維持、発展のためにはエネルギー、鉱山資源、食料の安全、安定確保が不可欠である。この分野において、アメリカの果たす役割はそんなに大きいものではない。確かに、アメリカはトウモロコシや小麦、大豆の最も重要な供給国である。しかし、エネルギー資源の依存は、中近東であり、オーストラリアである。鉱山資源に関してもアジア、オーストラリアである。食料に関してもこの事実を再認識する必要がある。食料の供給においても、オーストラリアが重要な立場を維持している。アメリカ一辺倒の政治、経済、安全保障は、今後変えていかねばならない。まして、ここ数年来、オーストラリアにとっても、また日本にとっても、中国が最大の貿易（輸出、輸入両面）相手国になっている。そしてこの状態は、間違いなく今後も長く続いていくであろう。

外務省や経産省などでの対応を、これまでのオセアニア・大洋州課での一部としてのオーストラリア対応から、オーストラリアを独立した部署にアップグレードした対応が望まれる。たとえば、少なくともオセアニア第一課は、オーストラリア専課で、第二課がほかのオセアニア諸国担当というような具合である。

政・官においては、重要度の尺になる相互訪問、交流を見直すべきである。過去10年間の実績を見てみると、オーストラリア連邦首相の来日は、9回を数え、連邦の大臣の訪日回数は、60回を超えた。同時期、日本からの大臣による訪豪は19回で、そのうち首相の訪豪は2回にとどまっている。さらに過去3年の実績だけを見ても、オーストラリアからは、東日本大震災直後のギラード首相による訪日を含め2回あったが、同時期日本からはどの首相も訪豪していない。大臣の相互訪問も、この時期日本からは3人だけであったが、オーストラリアからは10名以上の大臣が、訪日している。これに加え、各州政府の首相、大臣の訪日も多く記録されている。これは、紛れもなくオーストラリアが、いまだに日本を最重要視している証である。日本政府の関心の度合いが、オーストラリアのそれと符合していない。このようなオーストラリア側の熱意に日本が同等に対応しなくてはならない。一方、アジア各国の政・財界による訪豪は、オーストラリアの資源大国の重要性を十分に認識し、日増しに増加し、その頻度が高くなっている。アジア諸国との競争に遅れは許されない。

オーストラリアは、もはや数十年前にいわれていた中進国ではない。そのころ、日本が咳をすれば、オーストラリアは風邪をひくといわれた。オーストラリアの資源をほとんど独占的に取得していた日本の高度成長時代は、いまや過去のことである。オーストラリアは、日本のみならず成長著しいアジア諸国の資源需要にも応えている。資源大国としての発展は、目を見張るばかりで、過去10年を振り返っても、先進国の中で最も高い成長を維持し、国の経済規模も拡大し続けている。アジア諸国への資源輸出の急成長により、オーストラリアの輸出総額は、日本の半分近くになっている（日本の２０１０年度の輸出総額は約67兆円）。予測されている年15％の輸出の成長で、今後10年以内に日本の輸出総額を超す可能性がある。

ちなみに今から20年前オーストラリアの輸出総額は、約5兆円であったが、2010年の実績では、それが30兆円にまで急成長した。

　国力を示す国内総生産GDPも、2010年には1兆3500億ドル（135兆円）となり、1人当たりのGDPは、6万ドル（600万円）を超えて、この5年の間に倍増している。驚異的な伸びである。一方、日本のGDPは、この5年で約15%伸びて、5兆5000億ドル（550兆円）になっている。しかし、1人当たりのGDPは、オーストラリアより低く4万3000ドル（430万円）である。また、国富という観点では、成人1人当たり21万7000ドル（2170万円）で、オーストラリアは世界で一番豊かな国であると、世界有数の金融機関であるクレディ・スイスが最近発表している。この数字はアメリカや日本の約倍である。

　さらに、人口2200万人の国にもかかわらず財政規模は巨大化している。しかも、日本と比べて国の借金は少ない。現在はまだ、1億2000万人を抱える日本の約40%（2011年の日本の国家予算は92兆円、オーストラリアは36兆円）であるが、今後10年もすれば日本の規模に肉薄するであろう。戦後積極的に進められてきた移民による人口増、世界の資源大国の地位を築いた今、世界の経済大国に仲間入りする条件はそろっている。

　オーストラリアは、国土面積において世界で6番目に大きい国で、海洋面積は、世界第3位である。GDPは、すでに述べたように毎年急増している。目下世界で12番目であるが、10位以内に入るのは時間

図7-1　オーストラリアは日本の約20倍の広さ
（豪州政府観光局）

の問題である。アジア地域においては現在第4位の経済規模を誇る。

1995年当初に始まった日本の高度成長を長年支えたオーストラリアの資源は、今日急速に発展しているアジア諸国、特に中国とインドの高度成長を強力に支え、貢献しているのである。高度成長のエンジンに強力な燃料が不可欠である。それは、石炭、天然ガス、ウランである。また、高度成長の基幹産業の鉄鋼生産の原料は、鉄鉱石と原料炭である。そしてこれらの資源に関して、天然ガスを除いて、オーストラリアはすでに世界一の輸出国になっている。天然ガスに関してもすでに述べたように、5~10年以内に世界一の輸出国になるであろう。それに、経済成長に要求される多種多様な鉱山資源、工業原料の多くで、オーストラリアは世界の中でも最大の輸出国の一角を担っている。加えて、急増するアジアの人口を支えるための食料の供給においても、一大供給国としての役割を果たしている。そしてこの役割が今後さらに重要、不可欠になるのである。この地球上でエネルギー資源、工業原料、食料資源を一国でオールラウンドに供給できる国はオーストラリア以外に存在しない。オーストラリアは、日本やアジア諸国のみならず未来の地球にとってそれほど重要な国なのである。これらの事実を十分に認識し、それに呼応する真摯な姿勢と死活的パートナーシップ戦略が必要になってくるのである。

三、メディアの役割

2010年オーストラリアでは大洪水が発生して、多くの人が亡くなり行方不明になった。インフラ、農作物などの被害は数兆円に達した。そして、その甚大な被害の1カ月後今度は、オーストラリア気象史上最悪のサイクロン・ヤシが北部を襲った。これによる被害も大洪水に劣らないほど悲惨であった。これら一連の自然大災害に関して日本のマスコミの対応というと、一面で報道した新聞は少なかった。ほとんどが経済面、あるいは社会面での限定された紙面での報道であった。現地政府は非常事態宣言を発し、全国民挙げての対応であった。この自然災害は、この国にとって果たして復興ができるかどうか一時は心配されたほど甚大で想像を絶するものであった。この災害に対し、重要なパートナーとして日本の対応は必ずしも満足がいくものではなかったと思う。マスコミの対豪認識の貧しさが露見した。

片や、いいようのない悲しみ、焦燥感、絶望感がわれわれの記憶に鮮明に残り、脳裏から離れない２０１１年３月11日に起きた東日本大震災、津波そして原発の事故、放射性物質漏れの問題。もちろんこの大災害に関して、国内メディアは少なくとも最初の１週間は毎日、大部分の時間、紙面を割いて報道した。同じように、オーストラリアのメディアでもほぼ同じような報道であった。新聞では、毎日一面でこの大災害に関しての報道が紙面を占拠した。大災害に関してのオーストラリアと日本の対応の違いを、まざまざと見せつけられた。

震災後の４月20日に、オーストラリアのギラード首相が来日、外国の元首で初めて東北の被災地を訪問し、被災地の人びとを激励した。これは、外国の元首としては勇気のいることである。この行為について日本国民はどれだけ知らされただろうか。翌日の全国紙を見ても、その一部でせいぜい１、２段のみの簡単な報道であった。ＮＨＫがニュースの時間にギラード首相の被災地訪問を簡単に報道していた。また、震災発生から１週間後には、すでにオーストラリア空軍の貨物輸送機３機が、オーストラリア国軍の救助隊を乗せ、さらには福島原発用の放水ポンプを運んで東北入りしていた。その後実施されたアメリカの「友達作戦」に関してはメディアでも大きく取り上げられたが、このオーストラリアの救援隊に関してはどのメディアもほとんど取り上げなかった。

たとえば、アメリカの大統領選挙に関しては、日本のメディアが、毎日のようにその予備選から紙面を割いて記事展開をし、報道する。テレビの対応もしかり。一方、オーストラリアの総選挙に関しては、当日の選挙結果を簡単に紹介するだけで、それが今後の日本にどのような影響を与えるのか、注目点などほとんど報道されない。しかも第一面はおろか、政治面、経済面での報道でもない。社会面の小さなスペースでの対応であることが多い。テレビでの対応はほとんど見られない。

本書で、オーストラリアが日本にとっていかに重要で、将来にわたってもその重要性が増すことを強調してきた。オーストラリアなしで今日の日本はなかった。オーストラリア抜きで日本の将来は語れない。オーストラリアは、日本の産業、国民生活の防衛隊であると強調してきた。このことに関して日本でもっと認識をもち、高めるよう警鐘をならしてきた。

このメディア対応の違いは、そもそも筆者が強調したいことのひとつである。オーストラリアのメディアでの日本の露出度は、頻繁で、詳細である。日本を紹介する長時間のテレビ番組は珍しくない。オーストラリアの首相、大臣による訪日と比べて日本の首相、大臣の訪豪は、その頻度において比較にならないほど少ない。しかし、いったん日本の首相が訪豪すると、新聞、テレビでは特番が組まれ、そのカバーは相当なものである。反対に、年に1度2度とオーストラリアの首相が訪日する時に、日本のメディアでのカバーはほとんどない。あっても新聞紙上であれば1段か2段程度の簡単な報道にすぎない。テレビでのカバーはほとんど皆無である。これが、違いなのである。このような違いが存在してはいけないほど、オーストラリアが日本にとって重要であることをもっと認識しなければいけない。

さらに日頃筆者が不満に思っていることは、紙面上で国際比較がされるとき、オーストラリアがその中に含まれていないことである。たとえばＧＤＰの国際比較や所得水準、年金、交通事故、犯罪、軍備費などの国際比較に、図や表などを使って表されることが多いが、オーストラリアの名前がない。日本とは経済、通商、政治、安全保障などであまり関係のないヨーロッパの国名が、相当数取り上げられる。たとえば、ヨーロッパのベルギーやギリシャと比べて、オーストラリアの方がより強力な国家であり、日本にとってその重要度は格段に大きい。メディアは、国民にオーストラリアに関してより多く、広く、頻繁に知らしめるべき責任がある。全国紙の経済面で紹介されている為替レートに関しては長い間無視されていたが、オーストラリアドルも掲載されるようになった。また、世界の主要都市の気候情報に関しても、遅ればせながら今ではシドニーが含まれている。少し進歩したがまだまだである。

特に本書の重要テーマでもある、食料、エネルギー資源、工業原料の長期安定確保が、日本の将来の国運を大きく左右する死活的課題であることに関しての認識が十分でない。今後日本が、自由世界第2位の経済大国として引き続き発展し、環境にやさしい、より満足のいく社会福祉国家の構築を実現するためにも、この課題に対する取組みを強化しなければならない。もちろん国家を動かしている政財界による、ミッション意識の高揚やたゆまない努力が必要である。同時に国民が、事実を十分に認識し、日本の将来に積極的に参画、協力する責務がある。

メディアの影響力は大変大きい。メディアの力をもってオーストラリアについての認識を深める努力をしてほしい。本書で筆者が述べてきたことをご理解いただければ、日豪関係はまさに、一蓮托生の関係であることが理解できると確信する。だから、今後日本のメディアによるオーストラリアの露出度を頻繁にし、かつ深く切り込んだ報道がなされることを期待するのである。

四、人材、後継者育成

オーストラリアにおける官への民間導入、経営、人材の積極的な登用に関しては日本も参考にすべきである。２０１０年日本の中国大使に、民間出身で元伊藤忠商事の丹羽宇一郎相談役（当時）が起用された。誠に珍しいケースである。一方今から40年以上前の１９７０年初頭、オーストラリア駐日大使に、カンタス航空の前社長メナデュー氏が、登用され着任した。オーストラリアでは外交の分野でも、昔から民間からの登用が一般化している。民間人の大使は、そんなに珍しいことではない。

貿易・経済、外務省の人材のプロフィールを見ても、生粋の官僚育ちの中に、民間から登用された人材が多く含まれている。日本にあるオーストラリア大使館、通商代表部に勤務しているオーストラリア人の多くは、民間企業、組織で長年勤務した背景をもっている。民間のノウハウ、人脈などを官に持ち込んでいる。連邦政府、州政府とも、その各省庁のトップ、いわゆる次官や、局長クラスに多くの民間人が登用されている。ほとんどが公募である。

日本では、企業からの省庁への出向が短期的、限定的に実施されているが、到底民間のノウハウ、メリットを享受するまでに至っていない。このあたりは今後の課題である。民主党政権が強調している政治主導、官から民へというテーゼの中で、よりいっそうの政治的努力と実行力が期待される。

人材の育成に関しても、日豪を比較するとその差が歴然としている。オーストラリアにおける日本語学習熱は、１９００年代前半に盛んになった。そして、、日豪関係が急速に発展し、緊密になった１９６０年代になると、日本語を学ぶ人も急増した。小学校から日本語を教える学校もある。中、高校になるとその数は大変多い。現在約40万人が日本語を学んでいるといわれている。つまり全人口のうち、50人に１人が日本語を勉強していることになる。これは中国、韓国に次ぐ日本語熱である。

また、オーストラリア政府は、コミュニティーでの必要性、政治、経済的有用性から優先言語を指定している。日本語も指定14言語の中に含まれている。２００９年からは、公立学校で新しくアジア言語学習計画を実行している。これは、日本語、韓国語、中国語、インドネシア語の４カ国語を取り上げ、その学習を推進することが目的である。これらの言語を学習する学生数を増加させ、その学生たちがアジアの主要貿易相手国の文化を理解し、言語に堪能になるための最善の機会を提供している。将来のための人材育成の一環である。さらに、オーストラリアにある39の総合大学では、ほとんどの大学で日本語学科、日本学科があり、多くの学生が日本語、日本の政治、経済、文化などを専門的に勉強し研究している。

それに比べ、日本でのオーストラリア学の実情は実に乏しいものである。日本には１０００以上の総合大学や短期大学があるが、その中でオーストラリア学科のようなものは存在しない。一部の学校で、その国際関連学科、コミュニケーション学科や比較文化学科などで、オーストラリアに関する講義が細々と短絡的に実施されているだけである。その講義は、補足的、参照的な範囲を超えるものではない。オーストラリアに特化したものではない。残念ながら日本の大学ではオーストラリアを専門に学習することができない。これからのより重要視されるべき日豪関係を鑑みると、このあたりでも抜本的な改革が必要であろう。

写真 7-1　ワーキング・ホリデーの若者たち

若者が、外国文化に触れ人間性を豊かにする貴重な経験を得る目的でワーキング・ホリデー制度というものが存在する。1980年日本が提唱し、オーストラリアと初めてスタートさせた。その後1985年にニュージーランド、1986年カナダとこの制度をスタートさせた。日本は、現在オーストラリア、ニュージーランド、カナダ、イギリス、ドイツ、フランス、韓国、アイルランド、デンマーク、台湾、香港の11カ国とこの制度を実行させている。一方、オーストラリアは世界18カ国との間で実施している。基本的には30歳までの若者が対象になっている。1年間その国に滞在し、働きながら国際体験をする。若者にとっては素晴らしい制度である。

オーストラリアからは、年間5000人前後、日本からオーストラリアに8000人前後が、それぞれの国を訪問している。オーストラリアではこの制度が、人材育成の上でも大変有効に作用している。ワーキング・ホリデーで日本にやって来て、1年滞在し帰国すると多くの若者は、日本についての学習を深めるために、日本学を専門に教えている多くの大学で研究を重ね、日本についての専門家になる。その後、大学に残る若者もいるが、実社会に出て日本関連の仕事につく。

一方、日本の若者がワーキング・ホリデーでオーストラリアに1年滞在し、帰国してさらにオーストラリアに関する勉強をしたいとしても、その受け皿がないのである。これでは、この制度を最大限利用し、人材育成に役立てることができない。多くある日本の大学で、オーストラリア学科のようなものが創設されても良い時期に来ていると思う。先見性をもち、勇気ある大胆な改革ができる大学が、出現することを

切に期待するものである、

第三章でアジア諸国とのオーストラリア資源確保、争奪戦について詳しく展開した。そのための人材育成も重要である。オーストラリアをよりよく、深く知ることがこの厳しい争奪戦に勝ち残れるか否かに大きく影響してくる。アジア諸国、特に中国、韓国、インドからオーストラリアに留学する学生が急増している。１９８５年にアジアからの留学生は、全体の44％であったが、２００５年にはその割合が70％を超えて、この年の大学への留学生、16万４０００人のうち、中国人が24％、インド人が14％、マレーシア人が9％であった。２０１０年には、大学、語学学校、職業訓練施設などを含めた全留学生は、50万人を突破した。その中で、中国人とインド人の留学生が顕著な伸びを示し、両国の割合が全体の半分になっている。彼らは、オーストラリアに関して、政治、経済、法律、社会生活に関する知識のみならず、オーストラリア人との親しい交流、人脈を得て、それぞれの国の将来を担うのである。多くは、卒業後もオーストラリアにとどまり、本国との橋渡しの役割を果している。

日本人の留学はどうかというと、２０１０年に約3万人であったが、大学への留学は、ほかのアジア諸国と比べて極端に少なく、ほとんどが語学学校や職業訓練施設への留学であった。しかも、留学生の大半が女性で、これも過去の状況を検証すると、他のアジア諸国との大きな違いである。ここにも日豪関係の将来に一抹の不安がある。

日本政府は、オーストラリアの若いビジネスマンの日本への招聘を２０１０年から開始した。この招聘制度でオーストラリアから50名のビジネスマンが日本を訪問し、実地に日本の経済、産業、経営などを工場視察、会社訪問を含め研修するのである。これに、日本政府が渡航、滞在費を全面的に支援している。

オーストラリアの企業幹部候補生のために日本をよりよく知ってもらうための良い企画である。しかし、これと同じことを日本の若い経営者、ビジネスマンを対象に提供し、オーストラリアに精通した、エキスパートを育成する時期に来ている。

ＪＥＴプログラムは、日本と外国の人びとの相互理解を推進することを目的として１９８７年に開始された。また、地域レベルでの外国語教育と国際交流の促進を支援することによって、日本の地方自治体において国際化を推進することを目的としている。この事業で来日する参加者は、日本全国の小・中学校や高等学校で英語を教えたり、各自治体における国際交流事業に携わることにより、地域の住民とさまざまな形で交流を深めている。これにより、わが国における外国語教育の充実と、地域レベルの草の根の国際交流の進展を図り、諸外国との相互理解を増進するとともに、わが国の国際化の促進に資することが期待される。

ＪＥＴプログラム開始から25年を迎える。１９８７年のプログラムの開始当初は、４カ国（アメリカ、オーストラリア、イギリス、ニュージーランド）８４８人の参加者からスタートし、２００９年には36カ国、４４３６人に至るなど目覚しい成長を遂げてきた。世界で最大規模の国際交流プロジェクトであり、高い評価を得ている。ＪＥＴ参加者は、全国の契約団体に配置される。契約団体は、47都道府県、19政令指定都市、その他市町村、私立学校で構成されている。多くのオーストラリアの若者が、われわれの身近で活躍している。この分野においても、日本人を対象にしたオーストラリア版を立案実行すべきである。このような草の根活動を通して、日本人の若者によるオーストラリアについての知識、認識が深まり、将来の日豪関係に大きく寄与するであろう。

五、交流の進化と将来への期待と懸念

年間約30～40万人の日本人がオーストラリアを訪れている。観光客としての訪問が一番多いが、ビジネス、留学、交流などの訪問も増えている。同時にオーストラリアから日本にも毎年30万人ほどが訪れている。人口比ではオーストラリアからの訪問客の方がずっと多い。両国の交流は相当進化している。

オーストラリアでは、主要都市ではもちろんのこと、地方都市でも友好団体が作られて、現在17ほどの豪日協会が盛んに活動をしている。また各地の豪日協会同士の交流も行われている。民間レベルでの日豪関係に重要な地位を確立し、今後も大きな役割を果たすであろう。日本でも各地で日豪協会ができ、現地の協会とも交流を盛んにし、その数は46にもなる。これは日豪の交流が相当発展し、進行しているということの証である。日豪親善協定が結ばれて30年の歴史があり、政府レベルでも多様な交流が推進されてきた。

また自治体レベルでの交流も盛んで、姉妹提携を結んでいる自治体の数も１００を超える。初めての姉妹都市提携は、１９６３年奈良の大和高田市とニューサウスウェールズ州のリズモア市であった。州と日本の都道府県に関して、東京都はニューサウスウェールズ州、愛知県はビクトリア州、埼玉県はクイーンズランド州、大阪府もクイーンズランド州、兵庫県が西オーストラリア州、岡山県が南オーストラリア州とそれぞれ姉妹提携を結んでいる。また姉妹関係は、港、学校、放送局、動植物園などにも及んでいる。

１９７４年に日豪文化交流協定が締結されて以来、文化交流も活発になり、両国の学者、教師、芸術家、スポーツ関係者、ジャーナリストなどが交流を深めている。青年の交流も盛んになり、毎年１００人の

オーストラリアの学生が、政府の奨学金で日本に留学をしている。また多くの高校生、大学生が交換留学している。姉妹校も600を超えている。日本の中学、高校の英語の補助教員に、オーストラリア出身者が多い。また民間の英語学校で多くのオーストラリア人が英語を教えている。経営破たんした英語学校のNOVAで働いていた英語講師の内訳を見てみると、いかにオーストラリア人の教師が多かったかがわかる。この結果、今までのアメリカ、イギリス英語に加えて、徐々にオーストラリア英語が知られるようになっている。

外務省が何年かに一度、オーストラリアで国民の日本に対する意識調査を行っている。前回は10回目で2009年に行われた。その結果を検証してみるといくつかの問題点が浮き出て、今後の改善が要求される。今回の調査で、前回と大きな違いが見られたのは、日本がオーストラリアにとって信頼できる友人であるかの質問に対して、NOと答えた人が60%を占め、YESは20%にすぎなかった。2006年に行われた調査では逆で、YESが60%でNOが10%であった。また、日本が文化的に違い、理解ができないという反応が80%になり、前回より20%も高くなっている。また、日本との距離をもっと置く方がいいという反応が30%もあった。以前の調査の時に、この反応は0に近かった。

半世紀以上にわたり発展、培われてきた親密な日豪関係なのになぜという疑問が生じる。この数年の日本の南極海で行われている調査捕鯨に関するオーストラリア国民の根強い反感が、このような結果を表していているといえる。日本は、オーストラリアに対してこの調査捕鯨を含め、十分な説明を行っていない。調査捕鯨は合法だということを強調しても説得力が弱い。なぜ捕鯨をするのか、調査であるならば他にも方法があるのでは、調査報告に関しての情報不足などが、この意識調査の結果に響いているといえる。さらに付け加えるのであれば、国の政策、行動に関して情報提供の欠如、説明不足がわざわいしている。すでに指摘したように、日本からのハイレベルな訪豪、現地での更なる露出が必要である。このところ日本の顔が十分にハッキリと見えないのである。大所高所の意識改革、対応が求められている。

既述のように、日豪関係は民間レベル、コミュニティーレベルでも大変親密化した。今日では、家族の中での兄弟姉妹の関係にまで発展したといえる。これからの交流の過程で、右のような事象を認識し、一人ひとりがこれからも努力する必要があるのではなかろうか。過去長きにわたる先人たちのたゆまない努力の結晶として確立した親密な日豪関係である。その素晴らしい発展の上に安易にあぐらをかくことなく、今後とも新鮮な気持ちで、日豪関係の更なる発展に寄与すべきである。

日本とオーストラリアは、アジアの南北両端に位置し、政治的安定、経済的繁栄、高い教育水準を享受し、民主主義と個人の権利義務を尊重する、自由に恵まれた市場主義経済の国である。今後政治、経済、外交、教育、医療、文化など多岐にわたって日豪の協力、パートナーシップによってこのアジア地域での貢献が期待されている。そのためには両国がそれぞれの国をさらによく知り、研究しなければならない。今までは、オーストラリアの日本に対する認識、研究のほうが、日本のオーストラリアに対するものより先に進んでいる。日本サイドによる意識改革、積極的な行動により、オーストラリア研究が今後いっそう発展し、より完熟した日豪関係を樹立するために強力、迅速にその歩が進められることを強く期待する。

写真 7-2　日豪高齢者の折り紙交流

六、一蓮托生　これぞ究極の日豪関係

オーストラリアは、世界でも大変若い国である。イギリスの植民地として始まったこの国の歴史は、まだ約２２０年である。しかし、この国は最初から世界でも珍しく、模範的な民主国家、法治国家として歩んできた。その当時から、議会制民主主義、責任内閣制を導入し、二大政党制を確立させた。日本ではまだ封建制度の江戸時代末期から明治時代初期であった。

19世紀終盤の１８９４年には、世界で初めて女性に被参政権を与えた。この時代で女性が選挙に立候補し、直接政治に参加することができた。もちろん女性は選挙権も同時に取得した。20世紀初頭には公的老齢年金、疾病年金、出産手当など先進的な社会福祉政策を次々と実行させた。20世紀中頃には、食材の購入や料理ができない身障者や高齢者のためにＮＰＯ法人配膳サービスが開始されている。世界で初めてで、その後全世界に広まった。オーストラリアは世界に誇る民主大国、生活大国、福祉先進国である。

働くものに対しては優しい、暮らしやすい国である。オーストラリアは労働者にとって優しい、有利な国を作り上げている。労働者の権利、福利を守るため世界でも早期に労働党が結成され、政治の場で強い影響力を維持している。１９０４年には世界で初めて、８時間労働制を確立、週38時間労働、最低賃金制を法制化した。さらに有休には通常給料の17・5％の割り増し支給など、世界でも先端の労働条件を確立している。

社会弱者に対する政府セーフティーネットも日本より整備されている。戦後の政策で、国を守り発展さ

せるため人口増を図り、海外からの移民を積極的に推進してきた。そのため、毎年20万人ほどの人びとが、新天地のオーストラリアに移住している。オーストラリア社会は、今日では200カ国以上の国から移民を受け入れている多民族、多文化国家として繁栄している。自由、平等、基本的人権、個人の尊厳、寛容、同胞意識などが、国民性で国民共通の価値観である。

その上に、これまでたびたび繰り返し強調してきたように、オーストラリアは、これからの世界、特にアジアが必要としているエネルギー、鉱物、食料が豊かな資源大国で、資源輸出大国である。世界が、特にアジアが引き続き発展すれば、資源大国は今後とも重要視され、アジアとともに経済発展をするであろう。貿易相手国の上位に中国、日本、韓国、インド、シンガポールが入っており、オーストラリアの輸出総額約30兆円の70％以上がアジア向けになっている。この経済的な緊密な関係により、アジアから年間200万人の観光客がオーストラリアを訪れている。また、同じ数のオーストラリア人がアジアを訪問している。さらに、オーストラリアで勉強している留学生の10人に7人はアジア人である。また、毎年受け入れている移民の半数以上が、アジア出身である。オーストラリアは、もはやれっきとしたアジアの一員で、アジア抜きにその将来を語れないのである。

日本が過去半世紀に培ってきた日豪関係からの経験、知恵を今後のアジアとオーストラリアの関係に十分活用し、寄与するべきである。アジア諸国は、日本の対豪関係を研修して、より友好的で有益な関係をオーストラリアと築き上げるべきである。この地域の発展、将来に対して日本の役目がある。

オーストラリアから資源が来なくなったら、日本は存続していけないことが、本書を通じて述べてきたことをご理解いただければハッキリしたと思う。今の日本の対応、認識では日本の将来がおぼつかないのである。国を挙げてオーストラリアについての認識を高め、そのための対処を実行する時期に来ている。日本が高度成長を達成し発展していた時代に〝日本が咳きをすると、オーストラリアが風邪をひき肺炎を起こす〟とよくいわれた。この数十年で状況は一変している。今では日本が風邪を引き肺炎になっても、オーストラリアは健康を保てるようになっている。そしてこれをアジア全体が支えているのである。

日本は以前、日本とオーストラリアの関係を主従関係のように考えていた人もいたであろうが、今日ではかけがえのない兄弟姉妹で、信頼できるパートナーであることを十分に認識することが大切である。そして、日本はオーストラリアとともにアジアひいては世界の繁栄と平和に積極的に貢献すべきである。

２００７年4月から始まり目下、交渉中である自由貿易協定の締結を通じて、日本は、域内における主要なパートナーであるオーストラリアとの関係を大幅に強化することができる。貿易、投資の障壁が軽減され、両国のビジネス活動が、それぞれの国においてより容易になり、幅広い分野での交流がいっそう促進されるであろう。日本とオーストラリアは、ＡＰＥＣ、東アジアサミットやアセアン地域フォーラムの主要メンバーで、アジア太平洋地域の市場経済をリードするとともに、民主主義の下で、テロとの戦いや核拡散防止に果敢に取り組んできた。オーストラリアは、日本の国連安全保障理事会常任理事国入りを強く支持しており、両国の良好な関係は、東アジア地域全体の安定と繁栄に大きく寄与している。

両国のパートナーシップの象徴である「日豪通商協定」締結から50年以上、１９６８年に漁業協定、１９７０年に租税協定、１９７２年に原子力平和利用協力協定、１９７４年文化交流協定、１９７６年友好と協力の基本条約、１９９５年にはパートナーシップに関する共同宣言、２００６年包括的戦略パートナーシップ共同宣言、２００７年安全保障協力に関する日豪共同宣言、２００８年日豪防衛交流に関する覚書、2010年物品役務相互提供協定などを経て、2007年から交渉が開始された日豪自由貿易協定の早期締結が、両国をより強固に結ぶ絆になると思う。

もちろん、今後の協力関係を実質的に構築するため、その基本となる両国の更なる情報の交換、流布、交流が必要である。それも一過的、短絡的な努力のみでなく、政府、団体、民間すべての分野で、長期にわたる緊密なネットワーク、システムの構築が大切である。政府、民間からの代表による日豪間での定期情報交換、互恵戦略、協力会議の確立、商工会議所や日豪経済団体の定期的な企業交流、より進んだ産業団体間の交流の促進などをより多く、頻繁に実行することが大切である。教育、文化機関・団体の定期協議や両国間の旅行（観光、留学、研修、交換など）の促進も効果を発揮する。

オーストラリア側からの情報発信は、オーストラリア商務省、豪日交流基金、大使館広報部、州政府、観光局、業界団体などが、積極的に実行しているが、日本側は『聞く耳持たず』に似た状態で、日本側に十分に伝わっていない場合がよく観察される。この現実が、更なる緊密な日豪関係構築に障害となっている。オーストラリア側も情報発信の方法を再度検討し、改善する必要がある。

日本では、民主党が初めて政権を取った。アメリカ一辺倒の自民党政治が終焉し、新しい民主党政治が始まった。民主党の選ばれた多数の新議員は若くて、柔軟性があり、アメリカナイズされていない。政界地図も少しずつ変わっている。これからは、オーストラリア側のアプローチ次第で、十分に耳を傾けてくれる環境が整ってきている。オーストラリアにとってはもちろん、日本にとってもより緊密な日豪関係を再構築する大きなチャンスである。

東日本大震災からの復興、再生を含め、日本は政治的にも、経済的にも大きな難局に直面している。さらに、ここ数年このアジア地域では大きな変化の波が押し寄せている。それは、オーストラリアの豊かな資源の争奪戦である。この現実を即座にかつ十分に認識し、厳しい現状を打破し、国の再建を確かにせねばならない。そのために、オーストラリアは不可欠である。それは、日本の戦後復興、高度成長を支え、多大な貢献をしたことを再認識すればよくわかることである。オーストラリアは、昔も今もそして将来も日本の産業、国民生活の生命線で、信頼できる日本防衛隊である。日豪は、未来永劫、一蓮托生の関係であることを再認識し、明るい、活気にあふれた日本の明日のため、今一度、日豪関係を真摯に再構築しなければならない。本書が、そのための啓蒙に少しでも役立てばうれしい。

あとがき

ここ数年で事情が急速に変化している。それは、ヨーロッパにおける財政破綻に発した金融危機が依然継続している状況下においても、高度成長を続けている中国、インドをはじめとするアジア諸国の動きである。アジア諸国は、その成長を支え、急伸している国内需要を満たすため、資源の確保に、資源大国であるオーストラリアとの関係を強く、積極的に構築していることである。

日本国内では、この早急な変化についての認識が浅く、そのスピードについていけていない。このことについては、政界はもちろんのことメディアの世界でも当てはまることで、結果国民は、なおさら認識不足に陥っている。3年前の状況把握、そこからの判断ではもう手遅れである。ましてや5年10年前の状況は、遠い過去のことでほとんど参考にならないといえる。ここ数年の変化を十分に把握して、日本の将来に関する戦略を書き換えなくてはならない。

厳しさを増している資源争奪状況、そこにアジア諸国の急台頭が、従来の勢力図を塗り替えている。それに従って、資源価格も高騰を続け、その付けが最終消費者にも回ってきて、生活を厳しく圧迫する。まぎれもなく国運を賭けた戦いなのである。政争に明け暮れる政治では、このことが認識できない。企業にとっても、自社の利益追求に明け暮れていては、世界の死活的変化がよく見えない。それがこの国の将来を危うくする。

本書で、筆者が訴えたかったことは、先の太平洋戦争の敗北、終戦後の廃墟から果敢に立ち直り、国を再興して奇跡的な経済発展を遂げ、世界の経済大国に成長したこの国の現在があるのは、オーストラリアという国が、日本の発展に多大な寄与と貢献をしたという厳然とした事実があるということ。このことを広く国民に知らしめ、これからの日本の発展のためオーストラリアが引き続き欠くことのできない死活的なパートナーであるということ。そして今進行しているアジアでの急速な発展と急激な変化に目を向け、安定・安全な資源確保の観点から、明るい、活気のある日本の将来のため日豪関係の再構築を進めることの重要性と緊急性とを喚起することである。

そのために、一連の事実をできるだけ詳細に提示し、具体的な方法論も記述した。どのような変化が進行し、それが日本の将来にどのように影響するのかを解説した。特に国の運命を左右する食料、エネルギー、鉱山資源の安定確保、国の安全保障と地域協力にも率直に言及した。そして、究極の日豪関係がどうあるべきか、日本が今後オーストラリアとともにこのアジア地域でどのような役割を果たすべきかなども提言した。

本書には、統計上の数字が随所に出てくる。基本的には、2011年時点で明らかになっている情報を基にしている。正確を期するため公の統計、資料を綿密にチェック検証した。オーストラリア連邦政府の各省庁、州政府、統計局、産業団体、民間団体、企業などのサイトや資料を参考にした。また、日本の財務省輸入統計、統計局、省庁、産業別団体、関連NPO法人などの公開情報も参考にした。この作業に相当な時間を割いた。できるだけ最新のものを使用したが、性格上数年前の数字を利用せざるを得ないケースも多々あったのでご了解願いたい。なお、参照した書籍、資料はそんなに多くはないが、巻末にリストアップしてある。

国の表記として主にオーストラリアを使用。状況により豪州も使用した。アメリカも米国と併用した。さらに、年号については西洋暦を基本に、日本暦の併用も適所で行った。外国為替相場は常時変動している。本書の執筆中にもオーストラリアドルは78～93円で変動した。しかし、本書ではわかりやすいように便宜上、1豪州ドルは100円で計算し表示してある。さらに本文に表示してあるドルは豪州ドルである。参考までに豪州ドルと米ドルのレートは、2011年に入り豪州ドルの方が強くなり、1豪州ドルは1・1米ドル前後で推移した。使用した写真に関しては、作者が独自に撮影したものが主であるが、中には半世紀前のものもあり、品質の劣化が進行しており、この点に関してはお詫び申し上げたい。

本書は、日豪関係に関する筆者の第2作目である。2011年早春に出版した第1作目、『豪州読本』は、オーストラリアの歴史、経済、政治、国民性、価値観、教育、医療、社会保障、交通、気象、ライフスタイル、社会生活、多民族国家、先住民などほとんどすべての分野をカバーし、オーストラリア全体を紹介するために上梓した。今回の第2作目は、一歩進んで日豪関係をより深く紹介し、今関心の高い資源確保の現状と重要性を世間に知らしめ、急激に台頭している中国、インドなどのアジア諸国の豪州資源争奪戦に関して、日本の認識を高揚させ、今後どのように対処すべきかを提言した。そのための日豪関係再構築の必要性と緊急性を喚起した。亡きオーストラリアの両親に対する追悼、筆者を半世紀近い昔、オーストラリアに留学させてくれた日本の両親に対する感謝をこめて本書を書き終えた。読者の屈託ない率直なご感想、ご意見を歓迎する。

2012年7月

田中豊裕

オーストラリアのビジネスチャンス

オーストラリアン・ドリーム

アメリカン・ドリームということがよく言われた。アメリカではいろんなビジネスチャンスがあり、勤勉な日本人がアメリカに出て行って事業を成功させた例が多くある。オーストラリアもまさしくビジネスチャンスの宝庫である。大企業、中小企業を問わず、また個人でもこのチャンスをものにすることができる。基本的に土地や原料などは大変安く、資源も豊富、質の高い労働力も日本より安く確保できる。現地の政府も奨励しているし、社会も異文化に対して寛容である。日本からも、第一次産業、製造業、サービス業などで進出しており、これからもいろんな分野で注目されるであろう。移民を主体に今後も人口が増加し、市場規模も拡大する。規制緩和は引き続き実行される。紙面が限られているのでそれぞれの産業分野においてほんの一部の紹介にとどめる。

一、ウナギがいるよ――第一次産業

農業分野においては、まず土地が安い。季節は多様である。多雨、多湿地帯から、乾燥、寒冷地帯まで、また熱帯、亜熱帯、温帯が並存する。土壌、地質もバラエティーに富んでいる。日本と比べて極端に安い土地を利用して園芸などはお勧めである。大規模、小規模、家庭菜園なんでもこいである。すでに、日本の企業が野菜や、花の種子を現地の農家に委託して栽培をし、できたものを日本に逆輸入している。すでに述べたように白鳥製粉が、１９８５年からタスマニアでそばの栽培をし、日本に輸入している。他の地域でもソバ栽培の研究をすれば面白い事業になる。日本で消費されているソバの原料は、ほとんど輸入に頼っている。ソバは広大なオーストラリアの大地での栽培に最適である。ソバは、健康食であるという啓蒙ができれば、オーストラリアでも新規に市場を開拓できる。ベトナム系の移民が野菜栽培をして成功している。野菜は葉物であれば日本にも輸出ができる。根ものに関しては、いまだ植物防疫上問題が残っているのですべてを日本に輸入することができない。しかし、両国政府の交渉で今後いろんな野菜が日本に輸入されても不思議ではない。それまでは、作物を冷凍して冷凍野菜で輸出すればよい。日本と、オーストラリアのカプリコーン（南回帰線）より南は季節がまったく逆であることを利用して日本を含む北半球向けの作物の栽培、さらに、オーストラリアは大陸が広大であるので、１年中四季折々の作物栽培、収穫ができるということにもユニークなビジネスチャンスが潜んでいる。

日本は、中国や東南アジアから大量に野菜・果物を輸入している。しかし、多くの消費者はこれらの国から輸入されたものに関して衛生上の心配をしている。オーストラリアは海に囲まれ、隣国から離れ、隔離されているので、植物・動物防疫上の問題が他国、たとえばアジアと比較しても少ない。オーストラリアでは衛生管理、システムが行き届いており、安全な食材の提供が可能である。実際、オーストラリアで生産されている農作物の3分の2以上は、世界各国に輸出されている。輸出額は毎年2兆円にもなる。また、アジア各国は距離的に近く、自由貿易協定を結んでいる国が増えている。このこともオーストラリアでビジネスを考える上で有利に働く。

オーストラリアでは、農地を購入して現地の農民に作物の栽培を委託、販売も彼らに任せることもできる。牧場を購入し、現地の農民に経営を任すこともできる。このようなやり方でも1～2割の純利が出せる。個人で畑を買い、ブドウ栽培を手がけ、できたブドウで独自のワインを作っている日本人もいる。日本のコシヒカリ、ササニシキの栽培も始まっている。また果物でも日本の富有柿、梨、りんご、みかん、さくらんぼなどは以前から現地で栽培され国内需要も創出している。

漁業は、作り、育てる方向に進んでいる。養殖事業の年間の生産額は、1000億円にならんとしている。特に注目すべき事業は、本編で述べたように1991年に日本の海外漁業協力基金、現地のマグロ漁協と南オーストラリア州政府の間でミナミマグロの畜養のための実験農場が、初めて開設されたことである。ミナミマグロは資源維持を目的に、日、豪、ニュージーランド間で年間の捕獲数量をきめている。1988年当初の捕獲枠は、約1万5000トンあったが、現在はその数量が大体年5000トン弱になっている。オーストラリア漁民の捕獲量が、その半分近くである。このオーストラリアの枠で取った10～20キロのミナミマグロをオーストラリアのマグロ基地である南オーストラリア州のポート・リンカーン湾内に作られた生簀で、マイワシなどを与え半年から1年かけて50～60キロに仕上げて、仕上がったマグロを飛行機で日本に出荷している。築地ではキロ2000～2500円で取引されている。15社ほどの地元の企業が従事し、この地元の企業にマルハ、日本水産などの日本の会社も投資し、水揚げを確保しているのである。

また、クイーンズランド州では車エビの養殖も1990年代初頭から始まっており、現地で養殖したものは飛行機で活きたまま日本に運んでいる。アワビも地元の投資家が卵から約3～4年の歳月をかけ育て、活きたまま日本、アジアに空輸している。他にも、サーモン、タイ、ホタテ、カキ、それに観賞用の金魚、鯉などの養殖が行われている。育てる漁業はこれからまだまだ可能性の高い分野である。特にオーストラリアは、他の国と比較して優れた条件を揃えている。まず養殖技術が案外進んでいる。また、延々と続く海岸線（日本とオーストラリアを2往復以上するくらいの距離）に養殖、畜養に適したところが多く、理想的な土地が安価でかつ無限にある。大陸が広いので、熱帯、亜熱帯、温帯が並存し、広範な魚種の養殖ができる。また成長が早い。餌になる原料調達のアクセスが良い。アジアでは集中的な養殖、畜養によって環境汚染、病気の蔓延など問題が出ている。オーストラリアではその心配がない。これからはオーストラリアでの養殖事業の可能性を追求することが得策である。

日本ではウナギの稚魚を確保することは難しい。今日では、養鰻業の本場であった浜松の養鰻場も閑古鳥が鳴いている。アジアの国でも資源が枯渇し始め、稚魚の確保に問題が出ている。日本の店頭に並ぶ輸入ウナギはアジア、特に中国で畜養され、加工されたものがほとんどである。現地で蒲焼までやっているのが現状である。アジアでのシラスの確保も難しい状況下、ヨーロッパ産の稚魚を確保するようになって

写真 8–1　オーストラリアのウナギ

いるが、これは通常のジャポニカ種でない。アンギュラ種であるが味、油の乗りなどジャポニカ種と比べてもそんなに遜色がない。しかしヨーロッパでも資源保護のため漁獲制限が現実問題になっている。そこで注目すべきはオーストラリアである。

オーストラリアには5種類のウナギが生息している。その中の、アンギュラ種、オーストラリス種を養鰻し現地で蒲焼まで加工するチャンスが大きい。

もちろんこれは日本向けである。オーストラリアではウナギを食べる習慣はない。しかし、ヨーロッパからの移民の間ではコンガ種（体長2～3メートルまで成長する）のウナギを燻製にして食べる。日本の業界ではまだまだオーストラリアには注目していないし、オーストラリアにウナギがいることすらほとんど知られていない。現地の州漁業省などではウナギの資源分布なども調査しているので情報は取れる。また現地の投資家が、1990年代からビクトリア州やクイーンズランド州で小規模ながら養鰻事業をやっており、100トン強を中国向けに輸出している。また天然の成鰻を約400トン捕獲し、ヨーロッパやアジア諸国に輸出しているので日本向けに事業化するため現地で対応できる基礎がある。

オーストラリアの長い海岸線は、漁業資源が豊富である。日本で重宝にされている甲殻類、貝類、うに、わかめ、ひじき、昆布など。まだまだ開発輸入の可能性が大きい。タコ、イカなどの軟体類も、カラマリのフライの需要があるぐらいで、現地の資源はほとんど利用されていない。現在日本政府が設定している輸入枠の問題が今後解消すれば、この辺にも大きな可能性がある。貝類に関しても研究の余地が大である。

すでに南の海岸線で養殖されているカキは、日本にも輸入されている。ただ、資源保護で捕獲や開発の規制があるので、よく研究調査する必要がある。しかも州政府によって規制の内容が異なることも認識すべきである。

オーストラリアの商業漁業は、イタリア、ギリシャなどからの移民により発展してきた。しかしエビ、アワビなどの甲殻類に重点が置かれた漁業である。南欧では魚の料理も盛んであるので、一般の魚の捕獲も行われているが、彼らの食生活の影響を受けての漁業が主体である。ここに日本の食習慣の研究が進めば、日本にとって多種にわたる魚の供給国になる可能性は大である。とにかく資源的には大変豊富なものがあり、日本の業者の協力、指導、技術の導入で漁業の多様化が期待される。今まで捕った魚を捨てたり、飼料の原料に使っていた魚種の中には日本での高級魚もいる。市場知識や処理技術などを指導することにより新規事業の可能性が大いにある。

19世紀の中頃ゴールドラッシュの時期にアメリカのカリフォルニアからラヂアタ・パイン（松）が持ち込まれた。その後その材質の良さ、早い生育（30年ぐらいで35メートルに育つ）などで急速に植林が進展した。特に１９６０年代からは大規模な植林計画が毎年実行され、今日では大陸の東南部の約１００万ヘクタールの広域にラジアタ・パインの計画植林が行われている。伐採すればその後また植林をするといったように、森林資源を計画的に行ってきたおかげで資源は豊富である。用途は、家具、建材、電柱などで、また紙パルプの原料として日本はこの恩恵を受けている。また、もともとオーストラリアに生息するユーカリの木の植林も１９９０年になると積極的に実施され、生育が早く約10年も経たないうちにパルプ用として伐採ができる。広大なしかも平坦な土地が、無限に広がる。コストも安い。世界的に資源が枯渇し始めている現状、オーストラリアは今後森林資源の供給地としても注目を浴びるであろう。大手製紙メーカーや商社がすでに進出し植林をしている。オーストラリアでは作る林業が昔から行われている。今後は、ラジアタ・パイン、ユーカリに限らず、家具や住宅建材用に他の木の植林も注目できるので長期的なビジネスに最適である。

　オーストラリアには世界でも類を見ない、珍しい野生の花が咲き誇っている。その種類は２万４０００種類にも及ぶ。その上ほとんどの種類が日本はもちろん他の国には存在しない貴重なものである。日本ではそのうち数少ない種類の花が、カット・フラワーで輸入されている。日本は世界でも有数の切り花、観葉植物の輸入国で、年間３万５０００トン近くの商品を世界各国から輸入している。日本ではあまりにも知られていないオーストラリアの花は、今後日本の市場で大きな可能性がある。生花としてのみならず、ドライフラワーとしても面白い。

写真 8-2　広大なラジアタ・パインの植林

　すでに紹介したように、鉱山資源は無尽蔵にある。オーストラリアには日本をはじめ外国からの進出が多い。今後は資源を開発するだけではなく、開発した資源を利用して、現地で加工を行うことが得策になるだろう。あらゆる鉱物資源が豊富に存在するので、政府もこれらを有効に利用する産業の立地を奨励している。ウラン鉱の埋蔵も無尽蔵であるが、新規ウラン開発に関しては、つい最近まで労働党は禁止をしていた。政権によって政策が違うことがあるので注意が必要である。粘土は高品質で無尽蔵。鉱物含有量が豊富なので焼き上がりに鉱物の特徴がよく出る。たとえば、オーストラリアの住宅はレンガ作りが多い。その表情は豊かである。日本に輸入されているレンガの多くがオーストラリア産である。現地で陶器を作るのが面白い。上薬なしで粘土のなんともいえない特徴が表現できる。滑石、砂岩、大理石、御影石、メノウなども豊富にあるので、建材として個性のある利用ができる。日本のハイテク産業を支えるために、すでに本書で詳しく述べた希少金属（レアメタル）の確保も緊急の課題である。従来日本は中国にそのほとんどを頼っていたが、中国の産業での成長や政治的な思惑により今後中国からのレアメタルの確保が難しくなる。オーストラリアにはこのような資源が豊富にある。投資チャンスは大きい。

二、アルミ製品が当たり――製造業

最初に認識せねばならないのは、オーストラリアは人口２２００万人の国で、国内市場は、日本と比べて相当小さいということである。さらに国土が広大なので、物流コストが高くつく。だから、消費物資などの製造は、国内市場だけでなく輸出市場を十分考慮にいれた事業プランを作る必要がある。あるいは既存の現地企業を買収し、それに海外市場をつけるのも選択肢である。また、州によって法律の細かな部分に違いがあるので、労働関連の法律、認許可の問題、州税、手続き方法、費用の点など前もって詳しく調査理解する必要がある。もちろんこれはオーストラリアに限ったことではなく、海外進出する上で不可欠なことである。ただ、アメリカの州よりオーストラリアの州のほうがより独自、独立性が強い。州間での法律、規制、基準などの違いが顕著である。どちらにしても物作りに関しては一般的に日本の方が、品質管理、マーケティングに優れている。これを生かして事業の展開ができる。他でも指摘したようにこの国は資源が大変豊富である。それも随分安価で調達ができる。土地が安い。労働力も豊富で質も高く、割安である。具体的な分野に関して列挙してみると以下のようになる。すべての可能性を網羅することはできないが、そのほんの一部を紹介する。まず食品加工分野は有望である。

すでに述べたようにオーストラリアの海岸線は、海産物が豊富で、手付かずのところがほとんどである。現在行われている底引き漁業では多種多様の魚が捕れているが、甲殻類、軟体類、一部の魚をのぞいて、捨てたり、フィッシュ・ミールにしたりして飼料に供している。日本では、魚の練り製品の原料調達がどんどん難しくなっている。捨てられている魚の有効利用が十分に考えられ、現地で処理、加工もやれば日本にも輸出できる。カラスミの原料であるボラの卵は、中国などに輸出され、中国で加工され日本の店舗で販売されている。単価の高い商材については、原料の豊富なオーストラリアで処理、加工して日本に直輸入する方が、品質面、衛生面などで安心できるのではなかろうか。このような事例が他にも多くあるので研究の余地が十分にある。タスマニアで養殖されているパシフィック・サーモンを利用して現地でスモークサーモンに加工すれば、現地市場はもちろんのこと日本市場に出荷ができる。

小麦、大麦、米穀調製品なども良質の原料が、低廉な価格で手に入るので現地で加工し、日本に輸出する事業は面白い。酪農製品にしても然り。安い良質の原料がふんだんに確保できる。もともと日本は酪農加工食品の原料をオーストラリアから輸入している。その一部をオーストラリアに移転させることも事業戦略の一環として注目できる。近年この分野への日本の進出が加速している。さらに近い将来日豪自由貿易協定が締結されれば、可能性は大変大きいものになる。

現地のジャポニカ米を利用しての事業も多々ある。米は極端に安い。すでに、オーストラリア米を使って現地で、兵庫県にある小西酒造が、『豪酒』ブランドで日本酒を幅広く造っている。また、東北の酒田米菓が、せんべいを作っている。他にも米を利用しての事業は面白い。たとえば米ぬか、米粉を利用して漬物や、米菓が安くできる。大変安い良質な天然塩を利用した食品加工が面白い。現地で生産した商品を日本に逆輸出することも事業戦略である。小麦、小麦粉の現地調達価格は大変安い。これを利用してパン粉、ピザのベース、スポンジケーキ、うどん、パンなどを生産すれば原価は大変安く、冷凍で輸入すれば競争力のある安全な原料が確保できる。山梨県にある基礎食品メーカーのはくばくが、ビクトリア州で現地の小麦、そばを利用してうどん、そば、ラーメン、冷麦などを製造している。日豪自由貿易協定の進み具合によっては冷蔵輸入などさらに可能性が大きくなる。日本で販売されているハンバーグの原料は、オーストラリア産が主で、安全、安価なオーストラリア産の牛肉を使って多種多様な加工、成形事業いわゆるポーションコントロール、パティー生産、輸出が面白い。日本向けだけでなく需要が大きく伸びているアジア諸国向けにチャンスが大きい。日本の技術、マーケティングのノウハウが必要である。

鍛造、鋳造製品の需要は大きい。現地でも国内市場の需要に応える産業は存在するが、その技術にはまだまだ改善の余地がある。しかし中国製より品質は良く、日本の技術で国内、輸出市場で可能性が大きく膨らむ。日本ではこの産業の中心地であった埼玉県、川口の土地は、その大部分がマンションになっている。日本の産業の空洞化が叫ばれて久しい。しかしオーストラリアでの再起が十分可能である。

オーストラリアはアルミナ、アルミニウムの世界最大の生産、輸出国である。アルミの原料であるボーキサイトの埋蔵も世界一である。アルミナを精錬する電力は、世界でも最も競争力がある。精錬、加工技術に関しても、アメリカをはじめ世界最強の企業が操業している。現在は主に半製品として海外に輸出しているが、現地でこの安価なアルミを利用してのアルミサッシやアルミ缶の製造が考えられる。日本は、安価なアルミニウム（アルミ地金）をオーストラリアから輸入し、アルミ製品を生産している。たとえば世界的に需要が大きいアルミ缶に関して、オーストラリアで製造すると日本で作るより相当安くできる。日本で作れば1缶当たり仮に35円すれば、オーストラリアでは22〜23円でできる。運賃を払ってもまだまだ安い。その他アルミ製品はオーストラリアで生産すれば世界で一番競争力がある。アルミサッシ、アルミホイール、電化製品の部品、家庭用品、アルミは生活の中のいたるところで使われている。現地で生産し日本に持ち込む、また日本の海外特にアジアの生産拠点に供給するという可能性を追求すべきである。日本向けに現地生産の自動車のホイールなどアルミ製品の一部はすでに輸出されている。

住宅関連資材、機材に関してもオーストラリアにはその原料が安価で潤沢である。たとえば、住宅資材として使われる各種金属、木材、化成品などは安価で現地調達ができる。JAS規格の汎用性が拡大されれば、オーストラリアからの輸入が急増するであろう。将来の事業戦略としてオーストラリアを日本の住宅資材の生産供給基地として真剣に検討すべき時期に来ていると思われる。オーストラリアのツーバイフォー（2×4）住宅は、必要となる資材をすべて日本に持ち込んで建設すれば、日本の半分以下のコストで完成できる。それだけ資材が安いということである。日本の住宅建設会社もそろそろ現地の企業との合弁、企業提携を考えるべきである。自動車の製造は、自動車が市場に出現し始めた頃から始まっており、自動車関連産業の裾野が広い。部品、備品の製造も盛んである。しかし、国内市場が小さいので国際競争力をつける必要がある。この分野で、日本は技術革新、市場、資金などで貢献できる。日本の自動車産業の部品調達、製造基地としてさらに一歩進んだ取組みが考えられる。そのための現地企業の買収、直接投資も事業戦略上の選択肢である。この分野でも日本の進出は進行しているが、まだまだ参入する可能性が残っている。日本の品質管理、カンバン方式などをより強力に導入すれば高い利益を生むだろう。また、アジアに進出している自動車、機械、家電メーカーなどの日本企業に対する部品供給のネットワークができる。

三、学生寮でひと儲け――サービス産業

映像事業

１９７０年代からの人材育成、インフラ整備の成果で良質、豊富な人材が低価格で確保できる。またロケ地としても大自然、動植物、環境、海洋、都市機能、生活、あらゆる需要に応える基盤がそろっている。日本の制作会社にオーストラリアでのテレビコマーシャル制作を斡旋した時、日本、香港、シンガポールなどで作るより半分以下の経費でできた。またウルトラマンシリーズがオーストラリアで制作されたことも付け加えておく。映画制作、テレビコマーシャル、記録映画、テレビドラマ、アニメ制作などにおいてオーストラリアは大きな可能性を秘めている。現地で発行されている映画産業便覧を見れば、人材、コスト、スタジオ、施設、使用器具などの詳細が掲載されている。これを見ればその可能性が理解できる。関係者は一度よく研究されることを薦める。

日豪関係は大変緊密化し、交流も盛んである。日本に対する関心度も大変高い。日本語熱は西洋の国で最も盛んで、国民50人に１人が日本語を勉強している。現労働党政権は、外国語教育の中で日本語を最重

点言語のひとつとして、ここ数年集中的に投資をしている。日本の文化、芸術、武道などにも関心が高い。しかしながら、それらを指導する人材が極端に不足している。事業としてもまたシルバーのボランティア活動としても大きな可能性がある。

粉物事業——お好み焼き

オーストラリアは、年間2500万トン以上の小麦を作って、大部分を輸出している。本書で述べたように、日本向にも100万トン以上輸出している。それはもっぱらうどん、ソーメンなどの麺と飼料用である。日本は、農業の保護政策を採っているので輸入小麦にも高い課徴金を課している。日本国内での小麦粉の価格は、豪州と比べて極端に高い。日本では粉ものにトレンディーな人気が出ている。オーストラリアで安い小麦を使って、たこ焼きやお好み焼きをやれば儲かると思う。そのための他の原料もすべて安く現地で調達できるし、現地の人びとも粉ものには目がない。新しい粉ものスナックとして人気が出るだろう。たとえば、お好み焼きは、サラリーマン、若い人のスナック、食事として人気が出ると思う。初期投資200万円で1日、1つ5ドル、200個の売り上げで1年目から相当の利益がでると試算している。

防衛、宇宙産業、実験場

大陸の大部分は、茫漠とした荒野、砂漠である。イギリスが1950年代にその奥地で原爆の実験をしたり、ミサイルの試射実験を行ったことはすでに述べた。オーストラリアが、これから日本の防衛、宇宙産業に新たな可能性を提供している。現在日本での各種兵器の実験は大変難しい。環境、騒音問題、気象条件、コスト、用地難などどれをとっても理想条件からは程遠い。これまではそれをアメリカで行ってきた。しかし、アメリカではコストが大変高い。以前、筆者はこの可能性について当時の防衛庁、兵器メーカー、宇宙開発事業団などにアプローチしたことがある。だが、アメリカ一辺倒でオーストラリアに関心がなかった。オーストラリアで作業を行えば今までのコストの半分以下でできる。

オーストラリアでは、1967年に南オーストラリア州内陸部のウーメラから、最初の科学衛星の打ち上げを行っている。アメリカ、ロシア、フランスについで世界で4番目であった。このことは、日本ではほとんど知られていないが、宇宙に対応できるインフラ、ノウハウが存在する。だから、宇宙開発に関しても気象条件、コストの面で理想的なロケーションや施設を提供できる。本書ですでに紹介したように過去に（1996年）日本の宇宙研が、日本版シャトルの離着陸実験をこのウーメラロケット基地で行った経緯がある。また、最近日本の火星探査衛星、〝はやぶさ〟が7年間宇宙を飛び回った末、大気圏突入後そのカプセルがこのウーメラで回収された。アデレードには前記の歴史的な背景から、国の防衛、兵器開発研究機関、関連する防衛、兵器産業が事業展開しているので高度なエレクトロニックス技術、ソフトウエアー、情報通信技術の蓄積があり、今後日本との共同事業は有望である。日豪安保共同宣言が締結された今、この分野での将来性が非常に高くなってきた。今後、二国間会議でもしばしば議題に上ると思われる。

学生向け宿泊施設

オーストラリアでは学生向けの宿泊施設が不足している。最近の統計によるとオーストラリアに留学してくる数は、50万人を超えている。これは1985年に約3万人、10年後の1995年に4・5倍の13万

7000人であったことを考えれば驚異的な数字である。特に、急増しているアジアからの留学生の需要に応える宿泊施設の建築、経営は可能性が大きい。日本の企業ならではのソフト、システムで施設の提供を事業化すれば、長期的な高利益事業が展開できる。留学生の宿泊施設は、現在高校、大学の寮、一般のアパート、ホームステイが主である。留学生向け専用の施設は少ない。留学生が必要とするソフトを整備、提供すれば大きな市場を獲得可能である。アジアからの留学生は今後も増大するであろう。急成長分野である。

水処理

オーストラリアの生命線は水である。世界で最も乾燥した大陸である。オーストラリアの河川の水質が急速に悪化している。有効水量の7割が使われている農業用水のみならず、家庭用水、工業用水の劣化が進んでいる。地下水に関しても長年の取水で枯渇し始めている。オーストラリア政府にとって重要な政策課題である。水処理では高度な技術、ノウハウをもっている日本の企業が大きく貢献できる分野である。海水から真水、空気中から真水を作る技術、酸化、塩化している水の浄水、改善処理など大きなビジネスになる。各州政府にアプローチをして個別に交渉をし、日本の技術、システムなどを積極的に紹介すべきである。

産学協同事業、研究開発

民間を含めオーストラリアの大学、研究機関の研究レベルは、伝統的に大変高い。過去の新発明、新技術などを見ても世界に先駆けたものが多くある。その実例を年代順に追っていくと、1838年、世界で初めて穀物収穫機械、いまのハーベスターを開発。1850年には最初のメカニカルな冷蔵プラントの建設。1856年世界で初めて冷蔵庫発明。1885年、電報ケーブルを利用して信号を送るテレフォンを開発、今日のテレビの原型になる。1874年魚雷の開発発明。1889年電動ドリル。1897年変換ギアの発明。1898年テレプリンターを発明。1906年世界で最初に1時間の劇映画制作。1908年ゼログラフィーの発明（現在のコピー機の原型）。1924年には車に初めてカーラジオを搭載。1927年ペダル発電の通信機。1953年ソーラー・ホットウォーターシステムの開発。1958年航空機のフライト・レコーダーのブラックボックスを開発、今日ではほとんどすべての航空機に備え付けられている。1961年超音波の開発、これにより胎児をエックス線の危険に晒すことなく、その健康状態をチェックできるようになった。1960年、世界で初めて、眼鏡用にプラスチックレンズを開発。1967年ラジアルタイヤの開発。1970年レーザー光線を初めて使った灯台。1972年ロータリー・エンジンの開発。1978年バイオニック・イアの開発。これまで耳が聞こえなかった人に人工耳を提供。1981年世界最初の試験管ベービーの誕生、1983年卵子移植による誕生、1984年冷凍受精卵による誕生などである。オーストラリアでは、これまでにノーベル賞受賞者が、13人誕生している（女性1人を含む）。これは、人口比世界最高である。ちなみに日本では2010年に2人が、ノーベル化学賞を受賞し、これで合計18名になった。

最近の例として、アメリカが湾岸戦争の時レーダーに捕捉されないステルス爆撃機を開発、使用して威力を発揮した。1兆円も投下して開発された見えざる爆撃機というふれこみであった。しかし、その3年後オーストラリアの科学者達が、1億5000万円をかけてジンダリー・レーザー・システムなるものを開発して、ステルス爆撃機を捕捉することに成功し、1機100億円以上する爆撃機も台無しになってしまったという。従来のレーダーが信号を発信することによってその信号が障害物にぶつかることによって船や飛行機を捕捉するのではなく、爆撃機が通過することにより大気が乱れることに着目し地球の成層圏より上、1000キロまでの電磁層に信号をぶつけて落とし、下の標的を捕捉するというものである。このように研究開発は盛んであるが先進国の中では国の研究開発予算、民間の研究機関の研究開発財源が乏しい。高度な技術やソフトが、十分な資金がないので実用化されないで眠っている。情報の開示はある程度可能である。この分野で日本の資金援助、実用化に向けてのマーケティングが力を発揮することができる。

コンビニ

オーストラリアの社会も生活習慣の変化、戦後の大量移民の影響などで、昔の清教徒思想時代の価値観が薄れ、夜遅くまで仕事をしたり、活動したりする人が増えた。その結果、店舗の営業時間も延長、週末の営業も一般的になっている。しかし24時間営業はもちろんのこと夜遅くまで営業している店舗は未だ少ない。今後夜間営業に対する需要が急激に増えるので、日本では一般的なコンビニ、100円（1ドル）ショップなどが有望である。日本のノウハウで事業展開をすれば成功するのではなかろうか。東部の州ではセブンイレブンがすでに出店しているが、品数が少なく、システム、営業時間などにも改善の余地がある。

情報通信

オーストラリアは情報通信の市場としても世界で14番目、アジアで5番目の規模を有している。市場規模は約10兆円である。1997年以来、この分野では規制緩和、自由化が実施されており、競争力が高く、インフラ整備が進んでいる。国際電話料金が国内料金並みになっている。さらに、この分野での労働者の高度で豊富な経験、技術力、ソリューション・ベースのソフト開発力、知的財産に関する行き届いた法整備、産学協同、豊かで快適な生活基盤、羨ましいライフスタイルなどが、海外からの進出を促している。また、人件費、管理運営費、設備費は、アメリカ、日本はもちろん、香港などよりも競争力がある。このことは、情報通信、バイオ、ロジスティック、各種R&Dなどの分野にも当てはまることである。実際、日本からもキャノンが、日本以外では最大規模の技術開発センターをシドニーに構えている。また、コニカ・ミノルタがアジア・環太平洋圏の本部をシドニーに設置している。このほか、NEC、富士通、東芝などがオーストラリア国内各地にアジア地区の本部や研究開発基地をもち活動している。また他国の情報通信企業たとえば、IBM、グーグル、マイクロソフト、ハネーウェル、アルカテルなど多くが進出している。また、データ処理、ドキュメンテーション、カスタマーサービスなどで、オーストラリアにその拠点を置くことにより、さらに競争力のある効率の良い発信が世界に向けで

写真 8–3　情報通信事業は有望

きる。銀行、金融、保険、証券、船舶、建設などの分野でその可能性を十分に検討すべきである。オーストラリアは、今後さらに注目を浴びるであろう。

以上、ごく一部のビジネスチャンスを紹介した。これ以外にもまだまだチャンスが存在する。オーストラリア大使館、各州政府の駐日代表事務所は投資、企業誘致を積極的に進めているので情報は入手できる。また将来機会があればもっと多くのビジネスチャンスを詳しく紹介したい。

知っていました?

北京オリンピックの水泳種目で、世界新が多発したことはまだ記憶に残っている。そして、メダリストの70％以上が、スピード社の水泳着を着用していたことも報道された。この会社は、1914年にシドニーのボンダイ・ビーチで創立し、1926年水着の制作を本格的に開始、1955年には水着にナイロンを導入。100年近い歴史があり、世界の水着市場を闊歩している。

もうひとつ、われわれの家庭では昔からキーウィー〝KIWI〟ブランドの靴墨を使っている。下駄箱を開くとこの靴墨が必ず目に入る。この商品は、1904年にメルボルンのビジネスマンが開発、1906年に販売開始。その後、100年以上世界の靴墨市場で独占的な立場を維持している。このビジネスマンの奥さんがニュージーランド人であったので、商品の名前を〝Kiwi〟にしたということである。オーストラリア人はニュージーランド人を〝キーウィー〟と呼ぶ。

ひと時話題を振りまいた青い花びらのバラ。バラには本来青い色素を作る酵素の遺伝子がないので青い色のバラの花を作ることは不可能とされていた。しかし、そんな「不可能」に挑戦し、可能にした会社がある。１９９０年からオーストラリアのバイオ企業のフロリジン社は日本のサントリーと共同研究開発に乗り出した。試行錯誤の後、両社の研究者たちは最先端のバイオテクノロジー遺伝子組換え技術を用いて、パンジーの青色色素のもとを作る遺伝子をバラに組み込むことに成功し、「青いバラ」を誕生させた。日豪共同で不可能を可能のした快挙である。

参考文献一覧

■全体

オーストラリアの日刊紙　２０１０～２０１１
The Australian, Sydney Morning Herald, The Advertiser
田中豊裕著『豪州読本』大学教育出版　２０１１
オーストラリア連邦政府省庁
オーストラリア連邦政府統計局
南オーストラリア州政府
ニューサウスウェールズ州政府
クイーンズランド州政府
西オーストラリア州政府
在日オーストラリア大使館
Foreign Investment Review Board
Austrade
Department of Foreign Affairs, Trade & Tourism
Department of Immigration and Citizenship

■日本政府省庁のサイト

外務省、経産省、文科省、防衛省
財務省通関統計
財務省貿易統計
農林水産省「畜産統計」「牛乳・乳製品統計」「食料需給表」
通商白書２０１１年

■日本の高度成長
武田晴人著『高度成長』岩波書店　２００８
鈴木多加史著『高度成長期から21世紀へ』東洋経済新報社　２００１
■外交・防衛関係
防衛研究所ニュース　２０１０年　通算１４６号
■資源関連
田中豊裕著『豪州読本』大学教育出版　２０１１
金属資源レポート　２０１１・１
Uchida Report 52「石炭価格の高騰」
財団法人　日本チタン協会
工業レアメタル２００７
タングステン・モリブデン工業会
独立行政法人　石油天然ガス・金属鉱物資源機構
日本エネルギー白書２０１０年度　２０１１年度概論
日本のレアメタルを考える会編『レアメタルが日本の生命線を握る』日刊工業　２００９
三木貴博監修『よくわかる金属材料』技術評論社　２０１０
社団法人　新金属協会
Mineral Commodity Summaries 2010 USGS
Australian Uranium Association
The Australian Coal Industry Association
Geoscience Australia
■産業関連
財団法人　日本自動車工業会
日本綿花協会

日本の鉄鋼業２００９　日本鉄鋼連盟

■外国直接投資

オーストラリア統計局 ABS (Australian Bureau of Statistics) (2009), International Investment Position (5352.0)

Reserve Bank of Australia

■食料関連

田中豊裕著『豪州読本』大学教育出版　２０１１

日本乳製品協会、日本チーズ輸入協会

農林水産物輸入情報　速報２０１０

独立行政法人　農畜産業振興機構　統計資料一覧

全国精麦工業協同組合連合会

日本アイスクリーム協会

精油工業会

社団法人　日本乳業協会

塩の情報室

小若順一著『新食べるな、危険』講談社　２００５

輸入食品事典研究会著『日本の輸入食品』幸書房　１９９９

Oilseed Industry Association

Australian Wagyu Association

Australian Dairy Industry Association

■日豪関係

田中豊裕著『豪州読本』大学教育出版　２０１１

日豪21世紀会議（Australia-Japan Conference for the 21st Century）

Australia – Japan A New Economic Partnership in Asia by Peter Drysdale

■著者紹介

田中　豊裕（たなか　とよひろ）

1943年京都府生まれ
大阪外国語大学で英語を学び、1966年渡豪アデレード大学、南オーストラリア大学に留学
1967年アデレードにて南オーストラリア豪日協会創設、初代会長に就任
1970年オーストラリア総合商社エルダーズ社に入社後、1971年に帰国
エルダーズ日本支社長補佐、大阪支店長、東京支社営業部長を歴任
1979年エルダーズ社日本法人代表取締役社長に就任
1979～2000年　南オーストラリア州政府駐日代表、南オーストラリア州観光公社日本代表を兼務
40年以上にわたり日豪の経済協力、貿易促進、企業誘致、観光促進、文化交流などに貢献
現在、株式会社サリンクス代表取締役

主著
『豪州読本―オーストラリアを丸ごと読む』大学教育出版　2011年

資源争奪戦時代
― なぜ今オーストラリアか？ ―

2012年9月20日　初版第1刷発行

■著　　者――田中豊裕
■発 行 者――佐藤　守
■発 行 所――株式会社大学教育出版
〒700-0953　岡山市南区西市855-4
電話(086)244-1268㈹　FAX(086)246-0294
■印刷製本――モリモト印刷㈱

ISBN978-4-86429-157-6